선교만리

자비량 전문인 선교

선교만리

황 광 섭

크리스챤서적

| 추천사 |

 책은 단지 글 묶음이 아니라 한 사람의 생각과 삶을 오롯이 담아내는 그릇입니다. 그러므로 책을 추천하는 것은 단지 책을 권하는 것이 아니라 한 사람을 소개하며 그 삶의 여정을 만나보라는 초대이기도 합니다. 우리는 『선교만리』를 통해 생명을 던져 하나님의 부르심에 응답한 신실한 한 분을 만나게 됩니다. 러시아와 중국, 북한을 넘나들며 공산권 국가에서 30년간 전문인 선교사로 헌신하신 황광섭 선교사님입니다.

 『선교만리』는 황 선교사님의 사역 보고입니다. 마피아와 담판을 벌이고, 택시 강도로부터 가까스로 도망을 치고, 부정과 불의, 악법에 정직한 순종으로 맞부딪쳐 싸우는, 거친 분투의 기록은 마치 영화의 한 장면 같습니다. 러시아와 북한에 공장과 학교를 세우고 손니치문화센터를 세우는 데 최선을 다한 헌신 뒤에는 비난과 비방에도 흔들리지 않고, 주어진 사명에 충실하게 기도하며 포기하지 않은 선교사님의 깊은 숨결이 느껴집니다. 온 마음과 물질을 쏟아 애썼던 일이 마지막에 무산되는 허탈한 순간마저도 선교사님의 삶을 통해 하나님께서 일하심을 증거하는 역사의 한 부분이 됩니다.

"내가 너와 함께 있어 네가 어디로 가든지 너를 지키며 너를 이끌어 이 땅으로 돌아오게 할지라 내가 네게 허락한 것을 다 이루기까지 너를 떠나지 아니하리라 하신지라"(창 28:15) 하신 말씀대로, 이제 주어진 사역을 모두 마치고 고국에 돌아와 담담히 써 내려간 황 선교사님의 『선교만리』는 미래의 선교사들에게 건네는 소중한 선교의 바통(baton)입니다. 공산권 선교의 높은 담을 넘으며, 그 속에서 고군분투孤軍奮鬪하신 선교사님의 땀과 눈물이 피 흘림 없는 복음적 평화통일과 세계 선교의 마무리로 열매 맺길 바라며, 황광섭 선교사님의 『선교만리』 일독을 기쁘게 권합니다.

사랑의교회 담임목사
오정현

| 추천사 |

　1976년, 남서울교회에서 김정웅 선교사를 태국으로 파송한 것을 계기로 한국 선교의 새로운 발걸음이 시작되었습니다. 그 이후로 저는 수많은 선교사와 다양한 유형의 선교사들을 만나 보았습니다. 그 가운데서도 황광섭 선교사님은 제 마음에 깊은 인상을 남긴 선교사님입니다. 그분과 교제하면서 저는 그분 마음속에 주님께 진실로 헌신을 드림이 있음을 보았습니다.

　1989년경, 처음 방문한 러시아의 상황은 매우 어렵고 혼란스러웠습니다. 그래서 그곳에 발을 디딘 선교사님들은 저마다 여러 형태의 선교를 하면서 현지인들에게 복음을 전하려 부단히 노력하고 있었습니다. 그리고 그곳에서 저는 고려인과의 만남으로 새로운 선교의 지평을 여는 꿈을 품기 시작했습니다.
　고려인은 오래전 우리나라의 국력이 쇠하자, 고국에서 더 이상 살기 어려웠거나, 독립운동을 위해 러시아 연해주로 정착지를 옮겼던 사람들입니다. 척박한 땅에서 삶은 쉽지 않았고, 1937년에는 중앙아시아로 강제 이주까지 당했지만, 그들은 맨손으로 땅을 개척하고 산업을 일구어 냈습니다. 그러나 소련

연방의 붕괴 후 또다시 찾아온 어려움에 누군가는 다시 살길을 찾아, 또 누군가는 부모에게 들어 왔던 고향, 원동으로 돌아왔습니다. 돌아온 고향의 현실은 암담했습니다. 그 비참한 현장을 처음 접한 저는 그들을 도울 방법을 고민하며 연해주 땅에 발을 내디뎠습니다. 그리고 이 연해주에서 저는 황광섭 선교사를 만났습니다.

황 선교사님은 오래전부터 선교의 꿈을 품고 사랑의교회에서 훈련을 받으며 공산권 국가에 복음이 전해지기를 간절히 소원했습니다. 러시아와 대한민국의 수교가 체결되고 외국인의 입국 허가가 나자 그는 그동안 준비했던 러시아 사업을 통한 선교를 시작했습니다. 제가 선교사님을 만났을 때는 이미 무수한 어려움을 딛고 블라디보스토크에서 성공한 사업가로서의 자리를 잡고 있었는데, 러시아어를 알고 다양한 경험을 통해 문화를 깊이 이해하여 현지인들의 삶에 직접적인 만남을 통하여 복음을 열심히 전하고 있었습니다. 대개 많은 사람이 비즈니스와 선교를 동시에 하려다 둘 다 실패하는 경우가 많습니다. 그러나 황 선교사님은 비즈니스도 성공했을 뿐 아니라, 그가 바라던 러시아 선교에 많은 헌신을 하셨습니다. 특별한 축복입니다. 저 역시 현지와 선교에 다수 경험을 가진 그분의 도움을 받으며 블라디보스토크, 우수리스크, 크라스노다르, 미하일롭카 등 연해주 주요 도시에서 복음 전도 방법에 대해 구상할 수 있었습니다.

황 선교사님 부부는 개인적으로도 매우 바쁜 일정이라도 항상 선교를 위해 도움을 주셨을 뿐만 아니라, 본인 사역에 경계선을 두지 않고 때와 장소를 가리지 않고 복음 전파에 힘을 쏟았습니다. 사실 황 선교사님은 자비량 선교사로, 목사가 아니라는 이유로 선교사 사회에 소속되지 못해 선교사로도, 기업가로도 인정받지 못하는 서러움도 겪었습니다. 그러나 그는 이와 상관없이 오직 주님께 바친 헌신 자체에서 만족과 기쁨을 찾았기에 한 번도 그 사명을 놓지 않았습니다. 한 사람이 주님께 진심으로 헌신할 때 얼마나 큰 힘을 발휘할 수 있는지, 하나님 앞에 바로 설 때 얼마나 많은 열매를 맺을 수 있는지를 황 선교사님을 통해 배웠습니다.

또한, 그와 함께 일하던 중, 평양과학기술대학 문제로 도움이 필요해지자 그는 실제로 어렵고도 힘겨운 일을 맡아 평양과학기술대학교를 세우는 놀라운 일을 했습니다. 일꾼이 가면 반드시 일이 있고, 그 일에는 열매가 따릅니다. 블라디보스토크에서 닦아 온 선교의 든든한 기초는 평양에서도 아름답게 정착되었고, 지금도 그 학교는 운영되고 있습니다.

황 선교사님 부부는 이와 같은 어려운 상황 속에서도 사역을 안정화하고 귀국했습니다. 그러나 그들은 여전히 바다 너머 멀리 두고 온 공산권 국가의 복음화를 꿈꾸며 기도하고 있습니다. 그들은 가는 곳마다 굶주리고 버려진 아이들을 일으켜 세우고, 선교사들이 어려움에 부닥칠 때마다 앞장서서 도와주었습니다.

저는 황 선교사님 부부가 걸어온 러시아 복음화 길이 앞으로도 많은 선교 역사를 이룰 것이라고 믿습니다. 러시아와 우크라이나의 전쟁이 끝나면 도움이 필요한 일이 많을 것입니다. 그때야말로 이들과 같은 베테랑 선교사들이 상처 입은 러시아 땅을 복음으로 회복시킬 것이라고 확신합니다. 그들은 가는 곳마다 불가능이란 없을 정도로 최선을 다해 왔으며, 그들이 걸어온 선교의 역사는 많은 선교사에게 귀감이 되고, 진정으로 도움을 주는 삶을 살아왔습니다. 선교사님의 삶과 신앙고백이 담긴 이 책이 앞으로도 공산국가 선교를 꿈꾸는 모든 사람에게 계속해서 읽히기를 진심으로 바랍니다.

남서울은혜교회 원로목사
홍정길

| 프롤로그 |

    선교에 선 자도 모르는 저에게 과분하게 선교부에 들어갈 수 있게 허락하셨고 3년 후에는 공산권 선교구가 생기면서 선교부의 총무라는 중책을 맡게 되었습니다. 어린아이 같은 저를 믿고 맡겨 주심에 감사해서 매일 새벽예배를 참석하던 그때부터 저는 선교에 관한 책을 읽기 시작했고 그렇게 시작해서 제법 많은 책을 읽을 수 있었습니다. 일반 성도들도 선교에 관한 교육을 받으면 좋겠다고 생각이 들어서 교회에 선교학교를 설립하자는 건의를 하여 교회 내에 선교학교가 시작되었습니다. 선교학교를 마칠 즈음에 강사님께서 나의 미래엔 어떤 삶을 살아야 될까를 주제로 글을 쓰는 숙제를 내 주었습니다. 선교가 뭔지도 모르고 제가 마지막 숙제 글을 기고하기를 10년 후의 나, 20년 후, 30년 후의 나의 모습을 기록했습니다. 오늘 일도 잘 모르는데 10년 후, 20년 후, 30년 후를 쓴다는 것은 말이 안 되는 거예요. 그러나 숙제이니 글을 쓸 수밖에 없어서 기도하면서 구하고 찾고 두드리면 분명 이루어 주신다는 확신을 가지고 글을 제출하고 그때부터 10년 후, 20년 후, 30년 후를 계속해서 하나님 앞에 기도했습니다.

    그리고 그것을 까마득히 잊어버리고 어떤 때 생각이 나면 또

프롤로그 11

기도하고 이런 시간을 20년쯤 지났을 때 한국에 와 이삿짐을 정리하다가 한 봉투를 발견했습니다. 그것은 제가 선교 훈련을 마치면서 제출했던 리포트였습니다. 당시에는 공산국가를 갈 수도 없는 그런 상황이었는데 20년 후에 나는 북한에서 사역을 하겠다는 그런 내용이 있었고 30년 후에는 사역을 마치고 편안한 쉼을 가져야 되겠다는 내용이 있었습니다. 그때 그 글을 읽으면서 저는 까무러질 것 같은 놀라움을 느꼈습니다. 당시에는 러시아나 중국이나 북한 선교는 상상도 못 할 때였는데 어떻게 그런 글을 썼는지, 또 실제로 30년 후에 북한에서 조선 영혼들을 섬기면서 조선에 있는 국민들에게 그리스도의 복음을 전하려고 애쓰고 있는 나를 보면서 신묘막측한 하나님이 살아계심을 나 자신조차도 믿기 어려울 지경이었습니다.

  그곳에 저 자신도 이해 안 되는 글을 쓴 것을 보면서, 하나님께서 30년 전에 기도한 내용을 들으시고 그대로 이루어 주시는 것을 보면서, 정말 신실하신 하나님을 믿고 찾고 구하고 두드리니 내가 알지 못하는 크고 비밀한 일을 이루어 주신 그 사실이 저 자신도 감당할 수 없을 만큼 놀라웠습니다. 하나님 은혜 믿고 구한 저에게 그대로 이루어 주시는 그 하나님, 정말 부족함이 없으신 하나님, 모자람이 없으신 하나님, 그 하나님께서 소자의 기도를 외면하지 않았다는 것을 다시 한번 고백하게 되었습니다.

본 책을 출판하게 된 동기는 제가 한 사역을 자랑하려는 목적이 아닙니다. 오직 타 문화권에 나가기 위해 준비하시는 분들이 전문인 자비량 선교사로서 사역하실 때에 조금이나마 참고가 되면 해서 한없이 부족한 사람이 본 글을 쓰게 되었습니다.

사랑의교회 파송선교사
황광섭

차례

추 천 사   오정현(사랑의교회 담임목사)   4
               홍정길(남서울은혜교회 원로목사)   6
프롤로그   11

제1부_ 초기 러시아 사역

1. 선교사로 헌신하게 된 동기   20
2. 러시아에서의 생산 공장 계획   23
3. 공산권선교부 총무로 섬기면서   25
4. 몽골 방문   27
5. 러시아 법인 설립과 현지 공장   31
6. 하나님은 전혀 다른 방법으로 일하심   34
7. 외국인에게 도움을 주는 착한 군인들   36
8. 통관되지 않은 물품을 내어준 기적   38
9. 옥한흠 목사님이 주신 성경 말씀   40
10. 회사 상호 휘닉스(불사조)   43
11. 소방 허가와 위생 허가   45
12. 세관 무검사 통관   47
13. 수출입 무역 도소매업 3년차의 위기   49
14. 연해주 학교에 분필 지원   51
15. 관심을 가지고 보면 보이게 하시는 하나님   52
16. 평생 가슴 아픈 후회   54
17. 초기 러시아 사역   56

18. 명예박사 학위　　　　　　　　　　　58
19. 블라디보스토크 개방과 서울올림픽　　60
20. 믿음이 없는 젊은이들의 함정　　　　62
21. 연해주 제조업 1위 기업　　　　　　64
22. 마피아가 우리 회사를 믹으려 함　　66
23. 블라디보스토크 시장 경제고문이 되다　68
24. 블라디보스토크 행정의 서울시 벤치마킹　72
25. 기회를 놓친 대기업　　　　　　　　75
26. 선교사도 아니고 기업인도 아닌　　　77
27. 러시아 새 공표법　　　　　　　　　79
28. 교회가 조선족 병원이 되다　　　　　82
29. 나눔의집 버려진 아이들에게　　　　87
30. 나눔의집 사역 변경　　　　　　　　91
31. 뇌출혈로 쓰러짐　　　　　　　　　93
32. 두레농장　　　　　　　　　　　　95
33. 발해의 민족 뿌리를 찾아서　　　　　98

제2부_ 기도하며 준비하니 기회가 오다

1. 선교사 마약 밀수 사건 102
2. 블라디보스토크 국제학교 태동 105
3. 러시아 국제학교 법인 신청 109
4. 연합 선교의 힘든 점 115
5. 한국 라면 회사 러시아 진출 116
6. KT 한국통신 연해주 진출(HKT) 118
7. 사랑의교회 남성찬양대 문화 사역 120
8. 택시 강도에게서 탈출 122
9. 위조된 국제운전면허 124
10. 건설 회사 설립 126
11. 손니치문화센터 그리고 사랑의교회 128
12. 개고기 사건 135
13. 북한 김정일의 러시아 입국에서 출국까지 137
14. 손니치문화센터 법인 대표 사임 139
15. 북한 나진·선봉 경제특구 141
16. 중국 정부가 동해로 나오려는 이유 146
17. 북한의 식량문제 해결 방법 147
18. 평양과학기술대학교 수익 사업 대표 시장 152
19. 기적, 우연이라 하기엔 159
20. 잃어버린 컨테이너 161
21. 1년 지나고 쓰러지고 말다 165
22. 장애인학교 사역 167
23. 북한 명사십리 눈물바다 173
24. 염소에게 브래지어를 175

25. 나진·청진 구간 차량 고장　　　　　　177
26. 평양 아리랑 축전 초청 연해주 대표　　179
27. 북한에서 참고할 일　　　　　　　　　182
28. 대한민국과 북한의 외교 방법　　　　　184
29. 보위부원으로 인해 생긴 일　　　　　　186
30. 평양역에서 당한 사건　　　　　　　　189
31. 북한에서의 신성모독죄　　　　　　　　191
32. 북한 민간요법 치료　　　　　　　　　193
33. 자비량 선교의 창의성　　　　　　　　194
34. 선교사들의 기도 편지　　　　　　　　198
35. 고려민항 블라디보스토크 취항　　　　200
36. 트럼프 대통령과 김정은 협상 상소　　202
37. 기도하며 준비하니 기회가 오다　　　　204

에필로그　　　　　　　　　　　　　　　210

제1부

초기 러시아 사역

선교사로 헌신하게 된 동기

저는 황광섭 선교사입니다. 저는 사랑의교회 파송 선교사로 30여 년의 사역에서 은퇴하고 지금은 제주도로 와서 선교 동역자인 사랑하는 아내 남성자 선교사와 지난날을 되돌아보며 지친 몸과 마음을 쉬면서 서귀포 바닷가에 살고 있습니다.

서귀포 바다의 저녁노을은 참으로 아름답습니다. 붉은 장미꽃처럼 물드는 저녁노을을 보고 있으면, 저 한라산 너머 북쪽 멀리 두고 온, 우리 부부가 흘린 눈물과 땀방울이 배어 있는 선교지인 공산권 국가들에 심은 복음이 꽃으로 피어나는 소망을 봅니다. 언젠가 우리가 돌아갈 하늘나라 정원의 꽃밭을 봅니다.

우리가 오랜 시간 동안 수행한 선교 사역을 하나님이 부르신 소명으로 받들어 믿고 뛰어다니던 그 힘들면서도 기쁜 날들을 회상하며 보고 듣고 경험한 일들을 여기 글로 남겨서 그동안 물질과 마음으로 힘과 용기와 지혜를 주셨던 많은 분들에게 감사를 드립니다. 더불어 앞으로 복음 사역을 감당할 미래의 선교사들에게 조금이라도 도움이 되기를 바라는 마음으로 여기에 적어 갑니다.

저는 오래전부터 선교 사역의 꿈을 가지고 서울 사랑의교회에 등록하여 교회에서 진행하는 모든 교육을 감내할 결심으로 제자훈련, 전도폭발훈련, 사역훈련 등을 거치면서 삼풍다락방 순장으로 봉직하게 되었고 새 교회를 헌당한 후 주일과 수요일엔 교통봉사 총무로 몇 년을 섬겼습니다.

그러던 중 옥한흠 목사님께서 부목사님 한 분과 장로님 한 분 그리고 저를 주광남 장로님 댁으로 불러서 우리 교회의 개척 비전인 평신도를 깨우고 젊은이를 선교하여 공산권 선교를 개척하기 위한 훈련이 인정되었습니다. 자연스럽게 교회 내 공산권 선교부를 개설하게 되어 옥한음 목사님의 권유로 제가 공산권 선교부의 초대 총무의 중책을 맡게 되었습니다. 이때부터 본격적인 선교에 관한 교육을 받으면서 선교에 눈을 뜨게 되고 어느덧 3년이란 시간이 지난 어느 날 문득 내가 선교사도 나가야 되겠다는 생각이 신념으로 굳어 갔습니다.

그 당시 선교부 총무 일을 맡아서 하다 보니 선교사들이 선교하는 현지를 가 보고 듣는 것이 무엇보다 중요하여 선교지와 교회의 대학생 청년들이 세계를 품은 그리스도인을 양성하는 현장 비전트립 갈 곳을 자주 찾아다녔습니다. 현지 사역 활동을 직접 보고 들은 것을 교회에 보고하는 등으로 무척 분주하여 저의 사역이 본업이 되고 생업이 부업이 되어 제가 경영하던 조그만 무역 회사의 상황이 어려워져 아내가 운영하던 주방 가구 대리점에도 큰 부담을 주게 되었습니다. 그때 저의 무역 회사는 동남아에 가구를 수출하고 있었는데 지인의 도움으로 러시아 하바롭스크, 노보시비르스크, 블라디보스토크 등으로 길이 열려서 가구를 수출하던 중 러시아 파트너가 우리의 상품을 가로챈 일로 낭패하여 크게 낙심하고 있던 때였습니다.

러시아에서의 생산 공장 계획

러시아의 새 관세법이 변경되어 수출에 어려움을 겪고 있었는데 변경된 새 관세법으로 반제품을 수입하면 세금이 감면된다는 것을 알고 반제품을 가지고 와 여기서 완제품으로 조립을 한다면 충분한 사업성이 있을 것으로 확신하였습니다. 또 고용한 현지 직원들에게 전도하여 영혼 구원도 하게 되면 바로 자비량 선교가 가능하다는 확신도 들어 이때부터 현지법인을 설립하고 생산 공장을 만드는 준비를 진행하면서 바쁜 중에서도 여러 어려운 일도 많았습니다.

당시만 해도 러시아 말도 모르고 해외 투자는 대기업이나 할 수 있지 개인 기업은 안 된다고 생각했고 주변에서도 불가능하다고 말했습니다. 그래도 한국은행에 해외 투자 승인을 받기 위해 백방으로 뛰며 노력한 결과 왕 같은 제사장으로 부름받은 나는 가진 돈 1만 불도 없이 30만 불의 해외 투자 승인을 받게 되었습니다. 그리고 러시아 정부로부터 100% 외국 투자 기업으로 승인을 받아 현지법인 설립을 하고 이때부터 2년 반 동안 부지런히 한국과 러시아를 오가며 철저히 준비 작업을 하고 있었습니다.

그런데 그 즈음에 고등학교에 들어간 아들과 함께 러시아에 가게 되어서 방문한 러시아 학교의 교육과정을 자세히 살펴보니 20년 후의 러시아를 생각하여 지금 러시아에 유학 오면 앞길이 창창한 젊은이로서 넓은 세상을 배우고 경험하는 것이 좋겠다는 생각이 들었습니다. 아들에게 나의 뜻을 말했더니 아들도 그런 생각을 하고 있었다며 아들의 생각과 아버지의 뜻이 맞아 러시아에 유학을 시키게 되었고 현지 학교 부근에 하숙을 하면서 매일 기도하는 모습을 보게 되었으며 하숙집 할머니도 전도를 하게 되었습니다.

공산권선교부 총무로 섬기면서

당시 저도 해외 선교의 방향을 제대로 알지 못해서 우선 장로님과 함께 성도들에게 선교에 대한 관심을 갖게 하기 위해 노력하였습니다. 될 수 있는 대로 많은 성도들이 선교지를 방문해 현장을 보아야만 한다는 것이 옥한흠 목사님의 선교 철학이라 우리 교회 개척 비전인 평신도를 깨우는 훈련을 통해 젊은이가 선교에 관심을 갖게 하기 위해서 특히 공산권 탐방을 모색하던 중이었습니다. 마침 중국이 외국인에게 개방되는 시기라 중국을 방문할 기회를 얻어서 이성준 선교사와 제가 허가를 받기 위하여 안기부와 외교부에서 엄격한 교육을 받은 다음 비자를 발급받아 하나님의 은혜로 20여 일 동안의 귀한 시간을 얻었습니다. 동북 삼성을 다니면서 연변과학기술대학교 준비 과정도 살피고 그곳에 살고 있는 조선족들의 삶과 신앙 상태도 보면서 복음을 전하기만 하면 100% 결심하시는 하나님의 크신 역사하심을 보게 되었습니다.

교회로 돌아와서 보고서를 쓰면서 연변과학기술대학교는

중국에 살고 있는 우리 동포들에겐 꼭 필요할 뿐만 아니라 우리 교회의 공산권 선교 비전을 위해서도 학교 설립이 꼭 필요하다는 것을 피력했습니다. 또한 동북 삼성에 있는 우리 동포들의 영혼 구원을 위해서도 학교를 꼭 세워야 하며, 우리 교회 젊은이들이 세계를 품은 그리스도인으로 거듭나게 하기 위해서도 중국으로 비전트립 보낼 것을 강력하게 요청했습니다.

중국 방문 다음 해 여름방학에 비전트립을 위해서 200명을 모집하니 1,000명 이상 신청하여 서류 전형으로 검토한 결과 최종 200명을 1년 동안 주 1회, 전문 선교사 강사로 교육하고 기도하였습니다. 비자를 신청한 결과 최종으로 29명이 국정원에서 허가를 얻어 1주일간 다녀오게 되었습니다. 그 후 그들 중 지금까지 선교에 헌신하고 계신 분들은 목사 5명, 전문인 선교사 10명 그리고 전도사 2명 등으로 교회의 여러 분야에서 선교사 역할을 하고 있습니다.

몽골 방문

　협력선교사들과 선교 현장을 확인하며 선교지 개척을 위해서 블라디보스토크, 우수리스크, 이르쿠츠크, 울란우데, 몽골의 울란바토르를 방문할 때 박형철 목사, 전태환 목사, 조명순 선교사 그리고 저 이렇게 4명이 러시아 블라디보스토크에 입국하여서 여러 곳을 방문하였습니다. 그다음 이르쿠츠크에서 몽골의 울란바토르로 가기 위해 비행기표를 구입하여 출발 시간보다 조금 이른 시간에 공항에 도착해 보니 공항에 사람이 없는 겁니다. 경비원에게 6시 비행기를 타기 위해 왔다고 하고 비행기표를 보여줬더니 이건 모스크바 시간이고 이곳은 모스크바보다 4시간 시차가 나서 비행기는 벌써 떠났고 다음 비행기는 1주일에 1회밖에 운행하지 않으니 다음 주에 오라는 겁니다. 항공기를 놓치고 다음 비행기를 기다리며 일주일을 허비할 수 없어서 울란바토르까지 3일 걸린다는 열차를 타고 갈 수밖에 없었습니다. 침대칸 열차표를 구입해 열차에 오르는데 고려인 통역이 당부하기를 잘 때는 반드시 침대칸 문을 꼭 잠가야 하고 그렇지 않으면 도둑이 들어와서 가스를 뿌리고 돈과 짐을 다 훔쳐 간다고 했습니다.

그래서 우리 일행은 문을 꼭 잠그고 침대칸에서 창밖으로 펼쳐지는 시베리아의 멋진 설경을 즐기면서 밤이면 네 사람이 교대로 한 사람씩 불침번을 서고 세 사람은 잠을 잤습니다. 그러고 있는데 발자국 소리가 차츰 가까이 오더니 우리 방의 잠겨진 도어락이 철칵 소리를 내며 문이 열리려고 하는 겁니다. 내가 놀라 황급히 일어나 허리띠를 풀어 손잡이를 묶고 버티고 있으니 더는 열리지 않았고 밖으로 소리를 지르니 후다닥 도망을 갔는데 아무리 도와달라고 역무원을 부르고 찾아도 응답이 없었습니다.

그렇게 밤잠을 설치는 불안 속에서 부랴티야 공화국에 도착했는데 국경이라 세관 검사와 여권 조사를 하게 되었습니다. 내 차례가 오자 세관원은 여권과 지갑에 든 현금을 세어 본 다음 돈을 많이 소지한 나에게 여권 사진과 실제 얼굴이 다르다며 불쾌한 표정으로 추궁하였습니다. 5일간 면도를 하지 않았고 또 옷도 정장이 아니라 그렇다고 말해도 믿지 못하겠다며 실탄이 장전된 자동총을 들이대면서 나만 가방을 들고 따라오라는 겁니다.

철길을 넘고 좁은 골목길을 지나서 어느 작은 사무실에 들어갔는데 자술서를 쓰라며 나 혼자 남겨 놓고 나가 버리는 겁니다. 시간은 자꾸 흘러 떠날 열차와 거기에 남아 있는 동료들 걱정으로 안절부절못하며 애가 타 죽겠는데 마냥 시간만 끌고 있는 겁니다.

문이 밖으로 잠긴 좁은 공간에 혼자 있으니 나갈 수도 없어 세상에 홀로 남은 것 같은 공포와 절망 속에서 '하나님 제가 무얼 잘못했나요?' 하며 기도할 수밖에 없었습니다. 2시간 30분쯤 지나서 한 사람이 들어오더니 주머니에서 100불짜리 3장을 보이면서 내가 가지고 있는 돈을 달라고 하는 겁니다. 그래서 나는 절대로 안 된다고 하니 그러면 한 장만 달라기에 100불짜리 한 장을 주고 나니 그제야 가방을 들고 따라오라고 하는 겁니다.

그 100불을 받기 위해 죄 없는 나를 3시간이나 붙잡아 둔 것입니다. 사실은 진작 더 많은 돈을 주고서라도 빨리 그곳을 벗어나려 했었고 또 그렇게 요구했어도 줄 수밖에 없었는데 한편으론 적은 돈을 뺏겨 다행이란 생각도 들었습니다.

처음 끌려갔던 골목길을 돌아 나오니 내가 탔던 열차가 눈앞에 그대로 서 있는 겁니다. 사실은 그곳 부리야트 국경에서는 검문 검색하는 데 통상적으로 4시간 정도 걸리는데 그 4시간을 악용하여 나의 돈 100불을 빼앗은 것이라 생각하니 허탈할 수밖에 없었습니다.

내가 기차로 돌아오니 남은 일행 3명이 나를 찾을 길이 없어

오직 통성기도만 하며 기다리다가 나를 보자 얼싸안고 눈물바다가 되었습니다. 그러는 사이 열차는 출발하고 정신이 드니 배가 무척 고픈 겁니다. 그래서 열차 내에서 먹을 것을 백방으로 찾아보아도 없어 하는 수 없이 말이 통하지 않으니 종이에다 영어로 혹시 영어 하시는 분 계시면 좀 도와주세요, 하고 적은 종이를 들고 다녔더니 예스 아이 캔, 하며 한 분이 다가오는데 바로 몽골 사람이었습니다. 그래서 그분 덕분으로 식사도 하여 울란바토르 역에 도착한 시간이 새벽 4시였습니다. 현지의 이해식 선교사에게 전화를 해야 하는데 공중전화는 8시부터 가능하다니 영하 30도가 넘는 추운 날씨에 밖에서 4시간을 기다릴 수밖에 없었습니다. 8시가 되어 어렵게 전화를 해서 이해식 선교사님을 만나게 되었는데 우리는 러시아에서 기차로 몽골 국경을 넘은 최초의 한국인이라 하더군요. 이런 상상도 어려운 역경을 넘어 목적지에 도착하여, 하나님이 하나님 되시며 어디에서든지 우리와 함께하신다는 믿음으로 비로소 한 사람의 충직한 선교사가 탄생하는구나 하는 현장 경험을 하게 되었습니다.

러시아 법인 설립과 현지 공장

공장은 블라디보스토크 스네가바야 71번지에 설립하고 생산 공장으로 2층 건물을 임대하여서 회사명을 불사조(휘닉스)로 정하였습니다.

사실 생산 설비와 자본금이 제대로 준비되지 않은 상태로 현금 1천만 원과 가게 당좌 3천만 원의 빚과 그동안 거래한 거래처의 신용으로 어렵게 필요한 기계와 물품 등 설비를 구입하였습니다. 구입한 것들을 20피트 컨테이너 세 개에 나누어 싣고 러시아 블라디보스토크로 선적하고 생산에 필요한 한국 기술자 세 사람과 나는 먼저 공장에 도착해서 생산 준비를 끝내고 컨테이너를 기다리고 있었습니다.

컨테이너가 블라디보스토크에 도착한 다음 관할 세관으로 컨테이너를 찾으러 갔는데 그 사이 관세법이 또 바뀌어 화물을 찾을 수 없게 되었습니다. 100% 외국 투자 법인에게 수입 관세를 면제해 주던 법이 바뀌어 세금 3만 불을 내야 하게 되어 있었습니다.

나는 세관 당국에 항의였습니다. 법이 바뀌기 전에 이미 우리 물품은 한국의 부산에서 선적이 됐는데 그 화물이 도착한 날에 법이 바뀌었다고 세금을 물리는 게 합당하냐며 강력히 항의했으나 결론은 '안 된다'였습니다. 그 후 두 달 동안 매일 세관을 방문하면서 세관 직원들에게 인사하고 통관에 대한 자문도 구하다 보니 자연히 얼굴도 익히고 또 갈 때마다 조그만 선물도 전달하였습니다. 그러면서 나는 여기서 살려고 왔기 때문에 우리 아이도 여기 학교에 다닌다고 이야기하고 항상 만면에 미소를 지으며 그들에게 도움을 구했습니다. 또 할 수 있는 방법을 다 강구했으나 결국 3만 불의 세금을 내야 하는 길밖에는 없었고 그렇지 않으려면 모스크바에 가서 변경 전 법으로 가능하다는 확인을 받아 오라는 것이었습니다.

이렇게 3개월 동안 세관을 드나들다 보니 비용은 비용대로 들어가서 가져간 돈은 바닥이 났고 공장은 공장대로 가동을 못 한 채 쉬고 있어 기도밖에 길이 없어 매일 아들과 함께 손잡고 눈물로 기도했으며 한국의 교회에도 긴급 중보기도 요청을 했습니다. 그러나 하나님은 우리의 기도에 응답을 주시지 않아서 결국 세금을 내든지 아니면 모스크바로 가서 확인을 받아 오든지 택일하는 길밖에 없었습니다. 하는 수 없이 마지막으로 극동세관장과의 면담을 요청하였는데 면담이 성사되어 금식기도하고 면담을 하자 세관장은 화를 버럭 내며 나를 찾아오기

전에 모스크바에 가서 먼저 확인 서류를 만들어 오라는 것이었습니다. 나는 세관장 앞에서 단 한마디 말도 못하고 쫓겨 나와 너무 억울하고 절망하여 얼마나 울었던지 모릅니다. 울면서 3층에서 1층까지 내려오는데 눈물이 앞을 가려 계단을 헛디딜 정도로 비틀거리며 내려왔습니다.

아! 이제 무엇을 해야 하는가? 교회 안에서 큰소리 빵빵 치면서 왕 같은 제사장이 가는 길을 누가 감히 막을 것이냐며 교만하던 내 몰골이 후회되고 부끄러워 견딜 수가 없었습니다.

나를 보내 놓고 매일 기도해 주시는 교회 형제자매들과 아내와 아이들의 얼굴이 떠올라 정신이 혼미한 상태에서 눈물범벅이 된 얼굴로 실성한 사람처럼 울며 보냈습니다.

하나님은 전혀 다른 방법으로 일하심

　눈물범벅이 된 얼굴로 꺼이꺼이 울면서 비틀거리며 주차장으로 걸어가고 있는데 어떤 남자같이 생긴 여자가 내 앞을 가로막으며 왜 그리 울고 있느냐고 물었습니다. 정신을 차리고 자세히 보니 그분은 세관 직원이었어요. 나를 도와주던 통역이 그분께 그동안의 모든 일을 자세히 말했더니 자기를 따라오라고 해서 자기 사무실까지 따라 들어갔더니 무전기를 잡고 우리 컨테이너 번호를 부르라고 하길래 서류에 있는 컨테이너 번호를 알려 주고 기다리고 있었습니다. 그 당시 저는 러시아어를 전혀 모르던 때라 그분이 시키는 대로 서류에 사인을 하고는 통역에게 무슨 서류냐고 물으니 나중에 설명해 준다고 하여 기도만 하며 기다리고 있었습니다. 나의 통역과 한참을 이야기하던 그 여성, 루드밀라가 세관 밖으로 나가자고 해서 나가 보니 '현대'라고 쓰인 우리 컨테이너 3대가 트레일러에 실려 기다리고 있는 게 아니겠습니까. 통역이 나중에 다 말할 테니 우선 나는 마지막 차에 타라고 하고는 자기는 첫 차에 타면서 설명하길 이미 통관해서 보관 중인 것을 출고 증명서를 발급받아 출고하고 있다는 것이 아닙니까. 이것이 꿈인지 생시인지 모를 상태에서 하나님, 이것이 꿈이 아니지요 하며 감격하여 눈물 기도를 드리고 있는데 차는 이미 세관을 빠져나와 시간은 오후 5시가 넘어서 컨테이너 3대는 우리 공장에 도착하게 되었습니다. 뒤에 안 사실이지만 저의 컨테이너를 통관시켜 준 루드밀라는 창고의 물품 입출고를 최종적으로 처리하는 책임자였습니다. 하나님이 나의 처지를 아시고 루드밀라를 통해 일을 해결해 주셨으니 하나님은 내가 생각도 못 한 전혀 다른 방법으로 나를 도와주신 것입니다.

외국인에게 도움을 주는 착한 군인들

컨테이너 3대가 공장에 도착하니 직원들의 퇴근 시간이 다가오고 컨테이너에서 화물을 내리려고 하니 직원 20명으로는 그 많은 장비와 자재를 하역하기엔 어려워 고민하고 있었습니다. 그런데 회사 근처에 있는 군부대의 장교들이 우리 공장에 컨테이너 3대가 들어오는 것을 보고 찾아와서 우리 직원들과 이야기를 나누더니 잠시 후 30명의 군인들을 데리고 와서 하역 작업을 도와주는 것이 아닙니까.

그래서 우리 직원에게 저녁 식사를 준비하라 했더니 시간이 저녁 9시가 넘어 식당도 시장도 문을 닫아 구할 방법이 없다고 하여 내가 직접 차를 타고 시내 구멍가게들을 돌아다니며 빵과 소시지와 음료 등을 구입해 왔습니다. 마당에 자동차 라이트를 켜 놓고 합판을 깔아서 그 위에서 군인들과 함께 식사를 하고 나니 새벽 2시가 훌쩍 넘었습니다. 군인들은 막사로 돌아가고 20명의 직원들은 버스에 태워 귀가시키고 나는 그때 살고 있던 임대 아파트로 돌아가서 아파트 현관문을 여니 문이 안에서 잠겨 있어 들어갈 수 없었습니다. 하는 수 없이 다시 공장으로 와 차 안에서 새우잠을 잤습니다.

 어느 정도 공장 정리가 끝나고 군부대를 방문하여 돼지 한 마리를 선물했더니 그 후에는 눈이 많이 와도 길을 치워 주고 홍수가 나서 끊어진 길도 복구해 주는 아주 가까운 사이가 되었습니다.

통관되지 않은 물품을 내어준 기적

한참 뒤에 세관에서 루드밀라에게 물어보았습니다.
무슨 이유로 통관도 안 된 우리 물품을 미리 내어주었는지 물어보았습니다. 세관 창고 최종 출고 담당자인 루드밀라는 나의 물음에 답하기를 항상 웃으면서 세관에 드나들던 외국인이 그날은 너무 슬피 울면서 지나는 것을 보고는 대체 무슨 일이 있는 것인지 궁금해서 자초지종을 물어서 들어 보니 하도 딱한 사정이라 도와주고 싶었다고 말했습니다. 그래서 한 달 안에 모스크바에서 서류를 만들어 오는 조건으로 출고증을 발급했는데 자신도 어찌 된 영문인지 지금 생각해도 이해가 안 된다고 말하며 될 수 있는 대로 빠른 시일 내에 서류를 보완하라고 웃으며 말했습니다.

지난 3개월 동안 서류도 구비되지 않은 물품을 세관원이 내어준 일부터 시작해서 나의 능력으로는 불가능했던 그 많은 일들이 순조롭게 이루어진 것은 오직 하나님만이 할 수 있는 기적이라 믿습니다.

　루드밀라를 초청해서 이야기를 하는 중에 자신의 30년 세관 업무 중 처음 있는 일이라고 했고 주변의 대기업 대표들도 도저히 이해가 안 되는 일이라고 했으니 하나님이 하신 일이 확실합니다.

　그 후 모스크바에서 확인서를 받아 늦지 않게 세관에 제출했습니다.

옥한흠 목사님이 주신 성경 말씀

제가 러시아 선교사로 파송받기 전 옥한흠 목사님께서 약속의 말씀으로 창세기 28장 15절을 주셨습니다.

"내가 너와 함께 있어 네가 어디로 가든지 너를 지키며 너를 이끌어 이 땅으로 돌아오게 할지라 내가 네게 허락한 것을 다 이루기까지 너를 떠나지 아니하리라 하신지라"

하신 말씀을 기억하며 실망하지 않고 기도했습니다.

공장을 본격 가동하기 위해서 직원 모집 광고를 신문에 냈더니 너무 많은 지원자들이 모여 함께 일할 직원으로서 좋은 요건을 갖춘 사람을 뽑게 되었습니다. 그리고 탈락한 분들에게는 귀가 시 택시비와 점심 식대를 드렸더니 저절로 좋은 회사라는 평판이 퍼져 서로 입사하려고 수시로 연락이 많이 왔습니다.

우리 회사의 입사 요건을 말하면서 우리 회사는 프로테스탄트 개신교로 한 주일에 2번씩 근무시간에 하나님께 예배를 드린다고 공지하였습니다. 그리고 1년을 근무하면 한 달 봉급을 퇴직금으로 주고 10년 근무하면 15개월치를 퇴직금으로 지급하며 초과근무 시 1.5배의 초과 수당을 지급하고 또 출퇴근 차량도 제공하였습니다.

단 모든 직원은 회사가 원하는 모든 일을 함께해야 합니다. (러시아에서는 조건에 따라 업무를 합니다.)

이러한 근로 조건들은 이랜드 스피릿(이랜드 정신)을 참고한 것이었습니다.

모집한 직원들은 대졸 50%, 고졸 50%로 총 60명을 영업, 생산, 관리, 무역 등의 각 직능별로 훈련시키면서 러시아인들의 부정적이고 소극적인 근성을 고치기 위해서 매일 아침 "우리 회사는 모든 걸 긍정적으로 잘할 수 있다"라는 구호를 함께 외쳤습니다. 나는 할 수 있다(야쇼스마구) 외치며 일을 시작하니 전보다 훨씬 긍정적이고 적극적으로 변해 가고 있었습니다.

이런 교육을 시작하게 된 동기가 있습니다. 한 예로 직원에게 톱날을 갈아 놓으라고 시키면 오후까지 갈아서 톱을 사용할 수 없게 만들어 놓는 것이었습니다. 이것을 보며 이대로는 안 되겠다 싶어서 정신 개조를 하기 위해 시작한 것이었습니다.

과거 소련이 망한 이유가 바로 이것이구나라는 생각이 들었습니다. 한 가지 일을 시키면 한 가지 문제가 생기고 열 가지 일을 시키면 열 가지 문제가 생기고 한 가지도 안 시키면 안 한 죄밖에 없게 됩니다.

회사 상호 휘닉스 (불사조)

드디어 회사 이름을 휘닉스 즉 불사조로 짓고 가구 생산 공장과 무역업, 수산업 등을 하기 위해 한국 직원 3명과 현지인 60명의 직원 채용 방법까지 이랜드 정신을 바탕으로 적용하였습니다. 3개월 동안 이리 뛰고 저리 뛰며 준비하면서 경험한 것은 선교사가 선교사로 살아남고 또 기업을 하기 위해서는 현지의 문화를 철저히 배워야 한다는 값진 교훈을 얻은 것이었습니다.

가구 공장의 정식 허가를 받지 않은 상태였기에 허가를 받기 위해서는 무엇을 어떻게 하는지를 배우기 위해 먼저 당시 블라디보스토크에서 현대건설이 호텔 공사를 하고 있는 현대호텔을 찾아가서 현장 책임자와 관련자들에게 많은 것을 물어보았습니다. 러시아에서 공사를 하고 허가를 받는 것이 너무 어렵다는 것을 알게 되어서 더불어 현지의 많은 한국 기업들을 방문하고 또 실무자들을 만나고 심지어 우수리스크 농업

법인들에게까지 찾아가서 자문을 받았습니다. 결과는 뇌물을 주어야 일을 할 수 있고 뇌물 없이는 아무 일도 할 수 없다는 것이었습니다. 그러나 저는 이랜드 스피릿을 본받고 또 선교사의 신앙적 양심으로 절대로 뇌물을 주지 않고 회사를 운영해야 선교사로서 하나님 앞에 부끄럽지 않다는 신념과 원칙을 스스로 지킨다는 약속을 했습니다.

▲ 황광섭 선교사의 가구 제조 공장

소방 허가와 위생 허가

　러시아에서는 생산 공장을 하려면 제일 먼저 소방서에서 소방 설비 허가를 받아야 합니다. 그래서 가까이 있는 현대호텔 현장 소장님께 여쭈어봤더니 맨입으로는 어려울 것이니 알아서 하라고 하더군요. 저는 지금까지 일을 진행해 오면서 가외로 돈 한 푼 들이지 않고 오로지 하나님의 능력으로 해결해 왔으므로 이번에도 기도하면서 우리(구청) 지역 소방서를 찾아갔습니다. 커피, 설탕, 크림 등의 선물을 준비해서 서장님을 찾아뵙고 한국에서 왔는데 앞으로 여기서 살기 위해 지역 유지이신 서장님께 먼저 인사를 왔다고 하며 선물만 드리고 돌아왔습니다. 두 번째 방문에서도 선물만 전달하고 왔는데 세 번째 방문을 하니 서장이 커피나 한잔하자고 하며 무슨 일을 하느냐고 물었습니다. 그래서 준비했던 말을 하기 시작했는데 저는 한국에서 왔고 이곳에서 가구 공장을 만들려고 준비 중에 있으니 도와주시기를 바란다고 했더니 준비할 설비와 서류를 적어 주고 준비해 오면 허가를 해 주겠다고 하며 메모지에다 목록을 적어 주는 게 아닙니까. 그러나 준비해야 할 서류를 자세히 살펴보니 저의 공장 조건에는 준비하기에 너무 어려운 서류와 설비였습니다.

나름대로 할 수 있는 서류를 만들고 공장 내 환풍구 시설을 하고 마지막으로 주님께 구하는 기도를 하면서도 커피를 들고 여러 번 방문했더니 한 푼의 뇌물도 바라지 않고 친구가 되자고 하면서 소방서에서 받을 수 있는 허가를 받게 되었습니다.

그다음 위생국을 찾아가서 소방서장에게 했던 대로 했더니 역시 하나님의 도움으로 허가를 주시면서, 꼭 약속을 하고 지키라는 조건이 시민의 건강을 지키는 위생국답게 하루에 두 번씩 직원들에게 우유나 커피를 주라고 하는 것이어서 약속을 하고 그대로 시행했습니다.

세관 무검사 통관

하나님의 도우심으로 드디어 공장이 정상 가동되고 많은 주문을 받게 되어 부품을 조달하기 위해 한국에서 많은 원자재를 수입하게 되었습니다. 그동안 통관을 하기 위해 고생했던 경험과 3개월 동안 세관을 드나들며 알게 된 것은 세관에서 한국 회사들을 믿지 않고 있다는 사실이었습니다.

수입된 물품의(인보이스-패킹리스트) 송장과 상품 명세서가 실제 물품과 달라서 밀수로 인정되어 엄청난 벌금을 내는 경우가 빈번하기 때문이었습니다. 우리 회사는 서류와 실물이 일치하도록 완벽하게 만들어서 문제없이 쉽게 통관이 될 수 있을 줄로 알았습니다. 그래서 현장에서 근무하는 세관 직원들이 물품을 출고하기 위해 최종 책임자에게 사인을 받으러 갔는데 책임자는 한국 회사는 정직하게 수입을 한 회사가 없다며 너희들은 뇌물을 얼마나 받고 출고하느냐고 의심을 하였습니다. 최종 책임자가 직접 검사 지시를 해서 20여 명이 나와 당시 수입한 5대 컨테이너에 실린 그 많은 물품을 2일간 전 품목 전량을 검사하고 두 번이나 더 검사한 다음에 아무런 문제가 없다고 판단되어 공장으로 출고해 올 수 있었습니다.

  이후에 우리 회사 휘닉스는 세관으로부터 정직한 기업 상을 받게 되었고 그 후부터는 우리 회사가 수입하는 컨테이너에 대하여는 공장에서 현장 검사하는 것으로 결정되어 통관 비용과 시간을 많이 절약하여 매출 증대로 이어지게 되었습니다.

수출입 무역 도소매업 3년차의 위기

　회사가 수출입 무역 도소매업을 시작한 지 3년 만에, 국세청 감사에서 100% 외국 투자로 이익세 면세 적용을 받았는데 법 적용을 잘못했다며 세금과 벌금이 30만 불 이상 부과되었습니다.
　우리 회사 총 자산이 30만 불인데 자산만큼 나온 벌금을 도저히 낼 수가 없으므로 세무서장과 협의했으나 평소에 친구처럼 좋은 관계인 세무서장은 회사를 파산하고 새로운 회사를 설립하라고 조언하였습니다.
　돈 버는 게 목적이 아니고 선교하는 게 목직인 우리 회사로서는 1주일간 기도해 본 결과 도저히 파산해서는 안 된다는 제 생각에 변함이 없었으므로 국세청과 세무서를 번갈아 찾아다니며 한 달 동안 방법을 협의했습니다. 특별한 방법은 파산밖에 없다는 결론과 만약 꼭 세금을 내야 한다면 10년 거치로 내 주도록 하는 방법을 제시해 주면서 그것이 최선의 방법이라고 하였습니다.

만약 연방 국세청을 상대로 법 적용의 부당함을 재판에 회부한다면 2~3년이 걸리나 승소 가능하다는 정보를 주어서 일단은 파산을 하지 않고 세금을 정상적으로 내며 재판을 하였습니다. 승소하여 결국은 세금을 내지 않게 되었으며 이후 외국 투자 회사들의 한 사례로 남게 되었습니다.

저는 자비량 선교사로서 매 순간 주님과 이야기하고 어떠한 일도 주님께 여쭈어 보고 실행하는 습관으로, 어려운 환경에 처할 때마다 당황하지 않고 결코 지혜를 주신다는 확신으로 나아가니 주님께서 늘 갈 길과 피할 길을 주셨습니다.

연해주 학교에 분필 지원

한번은 연해주 주 정부 교육감이 사무 기구를 구입하려고 우리 공장을 방문하여 여러 이야기를 하던 중 연해주 지역의 모든 학교에는 교실에 백묵(분필)이 없어서 선생님들이 개인 돈으로 분필을 구입해서 쓴다고 하였습니다. 적은 봉급으로 분필까지 살 형편이 어려워 교단을 떠나는 선생님이 많아 걱정이라고도 하였습니다. 그래서 나는 한국에서 분필 한 컨테이너를 수입해서 무상으로 지원하게 되었고 이 일로 정부로부터 인정을 받아 많은 도움도 받게 되었습니다. 하나님께 늘 기도하고 감사하면서 정직한 기업이 되기 위해 최선을 다하니 꼭 필요할 때마다 놀라운 지혜와 구하는 것을 주시는 주님이심을 확신합니다.

관심을 가지고 보면 보이게 하시는 하나님

　우리 공장 주변에는 돌을 부수어 아스팔트에 들어가는 골재를 만드는 잡석 돌 공장이 있었는데 내가 자주 커피를 들고 찾아가서 교제를 하곤 했습니다. 돌 공장에서 사용하는 도로 하수구용 주 철망을 러시아 공장에서 저렴한 가격으로 구입해 썼는데 어느 날 그 공장이 갑자기 문을 닫아 할 수 없이 일본에서 비싼 값으로 수입해 쓴다는 것이었습니다. 일본에서 수입하는 비싼 값도 문제지만 외국에서 수입하기 위해서 은행에서 신용장을 열고 하는 일도 어려움이 많다고 했습니다.

　그래서 나는 한국에 출장 가는 길에 지금 사용하는 철망 견본을 가지고 가서 공급처를 알아보고 실물을 비교해 보니 크기는 조금 다르나 인장강도는 훨씬 좋은데 가격은 일본 제품의 5분의 1 정도로 쌌습니다. 그래서 그걸 수입해 공급하다 보니 소문이 나서 러시아의 많은 돌 공장에 엄청난 양을 수입 판매하게 되어 회사에 큰 이익을 주었습니다. 이 일로 우리가 다른 문화권에서 조금만 관심을 가지고 노력하며 기도하면 우리가 알지 못하는 크고 놀라운 선물을 준비해 놓고 기다리시는 하나님의 능력을 다시 한번 믿게 되었습니다.

평생 가슴 아픈 후회

　어느 토요일 가구 주문이 밀려서 특근을 하던 날 새벽부터 출근하여 아침 식사도 못 하고 직원들과 함께 오전 근무만 하기로 하여 열심히 일하고 있었습니다.

　그런데 평소에 아는 고려인들에게 기회만 있으면 전도폭발을 하던 시기에 '심 바레라'라는 분에게 전도폭발을 하려는데 결심을 미루는 것이었습니다. 병문안 온 친척들이 많아서 다음에 꼭 온다고 말하고, 다음에는 꼭 예수님을 영접하라고 간곡히 부탁을 하고 돌아왔습니다. 그런 후에 토요일 오전에 갑자기 그 부인께서 전화가 오길 남편께서 오늘 꼭 좀 와 달라고 한다는 것이었습니다. 그래서 퇴근길에 바로 가려고 했으나 배가 너무 고파 점심 식사나 하고 가야겠다고 생각하고 집에 와서 식사를 마치고 막 출발하려고 하는데 전화가 오길 오전 내내 솔로몬 황을 기다리다 조금 전에 운명하셨다는 겁니다.

그 소식을 듣고 한 끼 먹는 것 때문에 한 분의 영혼을 구원하지 못했다는 자책감으로 무척 괴로웠습니다. 이것은 선교사로 파송되어 온 사람으로서 도저히 용서받을 수 없는 실수라고 생각하며 앞으로는 병원에 입원해 있는 분에게는 시간 약속을 꼭 지키겠다는 결심을 하였습니다.

초기 러시아 사역

　처음 러시아에 정착할 때 상황은 참으로 열악한 조건이었습니다. 식수가 없어 깊은 산속으로 8km 정도 차를 타고 올라가서 통에 물을 길어 와야 했고 목욕 한번 하려면 물을 통에 여러 번 받아서 불순물이 가라앉은 다음에 사용했는데 오래된 수도관이 부식되고 녹슬어 녹물과 쇳가루가 섞여 나왔기 때문입니다. 그리고 거의 매일 정전이 되어 가스 없이 전기로 조리를 하는데 한번은 밥과 국을 조리하는 중에 갑자기 정전이 되어 할 수 없이 밖에서 저녁을 사 먹고 돌아와 보니 그 사이 전기가 들어와 밥솥에서 난 불이 창문의 커튼에 옮겨 붙어 집이 불에 탈 뻔했던 일도 있었습니다. 다행히 불을 끄느라 머리칼을 태우고 손이 화상을 입은 사고로 끝났지만 그 후로 늘 촛불을 준비해 두고 정전 시에는 모든 전기기기는 꼭 스위치를 끄고 사는 게 일상이었습니다.

　소련의 무너진 사회주의를 뒷받침할 준비가 전혀 안 된 상태에서 밀려 들어오는 자본주의 물결을 감당 못 하여 가정이 해체되고 사회가 혼란해져서 사람의 목숨을 헌신짝처럼 여기는 현상이 사회 곳곳에서 벌어지고 있었습니다. 부모가 자기 자녀를 버리는 경우가 허다하였고 또 일자리를 잃은 많은 사람들이 보드카를 마실 돈이 없어 공업용 알코올로 술을 만들어 마시다가 죽는 경우도 많았으며 먹고 살기 위해 스스로 마피아가 되는 사람들도 많았습니다.

그 당시 우리 회사와 거래를 하던 절친한 건설 회사 사장님이 머리에 총을 맞고 죽은 경우도 있었는데 매일 총소리가 들리는 일상에서도 나는 날마다 죽으면 죽으리라는 각오로 사역을 하고 있었습니다.

명예박사 학위

사회가 혼란한 그 당시 나눔의집을 만들어서 부모로부터 버려지거나 부모가 없는 아이들을 모아 먹이고 입히며 섬기던 어느 날이었습니다. KBS 방송국에서 저의 사역을 방송하였고 그 후 유엔 직원께서도 우리 나눔의집을 찾아와서 하고 있는 사역을 구체적으로 취재하였습니다. 밥을 먹고 가는 아이들을 일일이 만나 여러 가지 질문을 하는 것을 보면서 우리들 생각으로는 우리가 사용하는 식자재가 제대로 위생적인 것인지 혹은 아이들을 돌보기 위해 어디에서 후원금을 받아서 제대로 사용하는지를 알아보려는 것으로 알았습니다.

그 당시에 캐나다에서 오신 한 선교사님께서 블라디보스토크 시내 시장 근처에서 미니버스에 음식물을 싣고 다니며 나누어 주는 것도 함께 조사한다고 했습니다. 예사로 생각했는데 어느 날 유엔으로부터 연락이 오기를 블라디보스토크 시에서 NGO 사역을 하시는 캐나다 선교사와 솔로몬 황 두 사람을 심사했는데 자비로 사역하시는 솔로몬 황에게 극동대학교에서 명예 박사 학위를 수여하기로 최종 결정되었다는 겁니다.

미물과 같은 제가 이렇게 세상의 인정을 받은 것은 모두가 하나님의 은혜요 더 많은 사역을 하라는 사명의 뜻으로 생각했습니다.

▲ 버려진 아이들에게 밥을 먹이다

▲ 극동대학교 명예교수 임명장

블라디보스토크 개방과 서울올림픽

블라디보스토크는 러시아의 극동 주요 군사 보호 지역이라 군인이나 군인 가족이 아닌 일반 주민은 물론, 외국인들도 허가 없이는 들어갈 수 없었습니다. 이곳이 러시아 잠수함 기지였기 때문입니다.

1988년 서울올림픽이 열릴 때 올림픽에 참가할 선수들을 위해서 블라디보스토크를 소비에트 공화국의 훈련 전진 기지로 정했는데 이곳이 서울에서 가장 가까운 곳이라 이동 시간이 줄고 또 훈련 환경도 비슷해서였습니다. 그때 소비에트 전국에 있는 선수들뿐만 아니라 소비에트인에게도 비자를 면제하여 처음으로 모든 사람의 입출이 자유롭게 되었습니다.

그래서 이곳은 서울올림픽으로 인해 소비에트 사람들에게 처음으로 비자 없이 출입이 허가되고 또 소비에트 이름으로 올림픽에서 1등을 하게 된 소비에트의 역사적인 곳입니다. 그 후 외국인에게도 1992년 1월 1일부터 입국이 허용되었습니다.

   그 당시는 서울에서 블라디보스토크로 가는 직행 항공편이 없어 하바롭스크로 가서 열차를 타고 다시 블라디보스토크로 내려와야 했던 때였습니다.

믿음이 없는 젊은이들의 함정

일찍 러시아 연해주에 진출한 한국 기업들의 임직원들도 퇴근 후 특별히 할 일이 없어 카지노와 술 그리고 여자에 빠져 인생의 어려움을 겪은 분들이 많았습니다.

어떤 분은 마피아에 연결되었고, 젊고 예쁜 러시아 여자와 결혼을 했으나 많은 현금이 집에 있는 것을 본 장모가 사위를 권총으로 뒤에서 쏘아 현장에서 즉사한 일도 있었고, 카지노에서 거액의 회사 돈을 잃고 감당할 수 없어 스스로 목숨을 끊는 경우도 있었습니다.

이렇게 한국인들이 엄청난 피해를 입고 있던 시기에 저는 전문인 선교사로서 사명 받은 사역을 열심히 했기에 이런 어려움을 당하는 분들을 돕고자 한곳에 모아서 다락방 성경 공부를 함께 하였습니다. 또 집으로 초대해서 아내가 준비한 고향의 맛이 나는 식사를 대접하며 어려움을 당한 분들에게 그리스도의 사랑을 나누고 또 예수 그리스도를 소개해 주어 그들이 올바른

길로 다시 갈 수 있도록 물질과 정신적으로 도왔습니다.

그러나 전문인 선교사라는 이름으로는 목사가 아니라는 이유로 연해주 선교사 협의회에 회원으로 가입할 수 없었고 연해주 경제인연합회에서도 사업가도 회사원도 아니라는 이유로 역시 가입하기가 어려웠습니다. 그러나 나는 선교사로도 기업가로도 인정받지 못한 어중간한 자리에서도 열심히 하나님의 복음을 전하고 또 열심히 사업을 했습니다.

연해주 제조업 1위 기업

얼마의 시간이 지나고 하나님의 은혜로 선교사협의회의 회칙이 저로 인해 바뀌어 전문인 선교사도 가입이 가능했고 휘닉스 가구 공장도 폭발적인 매출 증가를 이루어 내면서 경제인연합회도 가입을 권유해 와 정식으로 가입할 수 있었습니다.

1996년과 1997년 말에 옐친 대통령으로부터 러시아 전국 제조업 가동률을 조사하라는 지시가 내려 연해주의 모든 기업들도 조사를 하게 되었는데 블라디보스토크에 있는 기업들도 조사를 하게 되었습니다.

직원은 60명밖에 안 됐지만 주문이 밀리고 그 주문을 적기에 납품하기 위해 토요일은 물론 야간작업도 하며 공장을 가동하다 보니 가동률이 130%가 넘었습니다. 우리 회사 내부에서도 우리의 가동률이 얼마인지 모르고 열심히 일을 하며 평상시대로 조사를 받았던 것입니다.

한참 후에 통보를 받은 결과로 우리 회사가 블라디보스토크에서 가동률 최고를 기록했다는 사실을 알게 되었습니다. 오! 할렐루야! 어느 날 주 정부 비서실에서 주지사님이 우리 공장을 방문하신다는 연락을 해 왔습니다. 아니, 주지사님이 이렇게 작은 공장을 방문하시다니 믿을 수 없다고 생각하고 있었는데 정말 니데르덴코 주지사님이 부지사님과 20여 명을 대동하고 오신 겁니다. 수입 과정과 판매 방법 등 여러 가지를 물어보고 가신 후 우리 회사는 블라디보스토크에서 주목을 받는 회사가 되었습니다. 그래서 다른 도시에서 블라디보스토크에 오는 인사들에게는 우리 회사가 주 정부 시청에의 필수 방문 코스 대상이 되어 주변으로부터 선망과 많은 관심을 받게 되었습니다.

마피아가 우리 회사를 먹으려 함

어느 날 아침 출근해 보니 마피아들이 회사에 들어와 진을 치고 있으면서 나를 기다리다가 내가 나타나자 하는 첫말이 우선 회사 경비를 취업시켜 주든지 경리를 취업시키든지 둘 중 하나를 결정하라는 겁니다. 내 사무실에 총을 하나씩 들고 들어와서 협박을 하며 공장을 폭파하겠다, 너의 부인을 죽이겠다 하는 겁니다.

나는 어차피 이 땅에서 죽으러 왔으니 별 두려움이 없었습니다. 좀 무섭긴 하지만 나와 함께 계신 하나님을 믿으며 당당하게 대하면서 응하지 않았습니다. 1주일이 지나서 나는 나도 내 마음대로 못 한다, 나도 주인에게 매인 몸이라고 하니 보스를 만나자고 하는 겁니다. 그래서 나도 보스의 얼굴을 못 본다 했습니다. 그럼 도대체 보스가 누구냐고 묻길래 아주 높은 곳에 계셔서 나도 통화만 가끔 한다고 했더니 자신과도 통화를 하게 해 달라고 하여 교회에 다니는 사람만 가능하다고 하였습니다. 그건 어려우니 내일 아침까지 반드시 결정을 하라, 그렇지 않으면 당신 머리에 바람구멍을 낸다고 하며 갔어요.

밤새 한잠도 못 자고 또 잠도 오지 않아서 지난 사진을 정리하는데 주지사님과 함께 찍은 사진을 발견하고 그다음 날 출근해서 그 사진을 내 책상 위에 올려놓고 시내에 다녀왔습니다. 그 사이 그들이 회사에 와서 그 사진을 보고는 우리 경리에게 지사님과는 어떻게 아는 사이인가 하고 물어서 경리가 무심결에 지사님이 보스라고 대답을 했답니다. 그랬더니 책임자인 마피아 행동대원이 모두 데리고 나가면서 자신들이 왔다 갔다는 말을 지사님께 절대 하지 말고 앞으로 걱정 말고 열심히 하라고 말하며 간 뒤에 다시는 나타나지 않았습니다.

블라디보스토크 시장 경제고문이 되다

평상시에도 블라디보스토크는 교통 체증이 심해 불편하고 많은 고생을 했지만 겨울만 되면 언덕길이 많아서 눈이 조금만 와도 체증이 10배 이상 늘어났습니다. 오래된 도시 구조에 좁은 도로가 교통 체증을 만드는 원인인데 도로를 확장하려면 오래된 주택들을 철거해야 하고 철거 대상에 살고 있는 사람들을 이주시킬 아파트를 마련해 줄 수 없어서 도로를 확장할 엄두도 못 내고 있어 교통체증 문제를 손 놓은 채 그대로 보고 있는 실정이었습니다.

나는 이 교통 문제를 해결할 방법이 없는가를 생각하며 우리 회사에서 그 지역에 살고 있는 직원들과 함께 병목 현상을 일으키는 도로변 주민들을 방문하여 질문도 하고 이야기도 들으며 해결책을 찾기 시작했습니다. 거주민들에게 선물을 들고 찾아가서 현재 주택에서 불편한 점이 무엇이고 어떤 집이 좋은지 등을 물어보았습니다. 이들을 옮겨 줄 만한 아파트를 찾는 것이 우선이어서 나는 통역과 함께 블라디보스토크 인근의 아파트를 다니면서 아파트를 짓다가 공사가 중단된 곳 등을 찾아다녔습니다. 그중 기업이 완전히 파산해 공사 중단된 아파트를 시청에서 법적으로 완성하여 이주민들이 들어갈 수 있도록 여러 방법과 서류 작업을 해서 블라디보스토크 시장을 찾아갔습니다.

나의 보고를 듣던 시장님은 처음에는 화를 버럭 냈습니다. 도로 병목현상 문제는 본인도 잘 알고 있어 해결하려고 노력했지만 쉽지 않아서 고민 중이라고 했습니다.
시장에게 제가 현장을 찾아다니며 찾아낸 해결책들을 조목조목 설명을 하자 저의 보고를 들은 시장은 바로 저와 함께 현장을 방문했고 실행에 옮길 수 있다는 확신을 가지고 제가 제시한 해결책늘을 시행하기 시작했습니다.

그리고 시장의 바쁜 일정을 감안하여 매주 토요일 블라디보스토크 시의 병목이 가장 심한 곳을 저와 함께 방문하고 함께 해결책을 찾았습니다. 먼저 병목현상이 가장 심한 우나굴야 시내 방향을 한 차선 확장하니 밀려가던 차량들이 물 흐르듯 흘러가는 것이었습니다.

그날부터 '시장 최고'라는 뉴스가 방송을 독점할 정도가 되니 시장님은 신바람이 나서 자신의 차로 나를 시도 때도 없이 직접 찾아와서 함께 도시 정비를 하면서 블라디보스토크 교통

체증이 눈에 띄게 줄었다고 칭찬을 아끼지 않았습니다.

얼마의 시간이 지난 뒤 블라디보스토크 시장실에서 며칠 후 정장을 하고 시장실로 방문해 달라는 연락이 왔습니다. 자주 이런 연락이 있어서 약속 당일까지도 예사로 일반적인 면담으로 생각하고 방문을 하여 시청에 도착해 보니 빨간 카펫이 깔려 있고 비서가 안내를 해서 시장실이 있는 13층으로 올라갔습니다. 엘리베이터의 문이 열리니 무슨 일인지 방송국에서 저에게 스포트라이트를 비추며 기자가 다가와서 축하한다고 말하기에 영문도 모르고 시장실로 들어서자 제가 블라디보스토크 시장님 경제고문으로 임명되는 행사를 알리는 플래카드가 걸려 있었습니다. 시장실로 들어가는 복도에 각국 영사들이 도착해서 박수를 치고 여기저기서 축하한다는 인사를 하는 것이었습니다.

그래서 그날 시장으로부터 시장 경제고문 임명장을 받게 되었고 그 이유는 블라디보스토크 시의 교통 체증을 해결해 주고 도시 발전에 지대한 영향을 주었다는 것과 앞으로 시정 발전에 도움을 주길 바란다는 내용이었습니다. 나도 모르게 감격하여 하나님의 은혜에 눈물이 흐르고 초창기 정착을 위해서 고생했던 일들이 주마등처럼 떠오르면서 약한 자를 강하게 하시는 주님의 은혜에 감사드렸습니다.

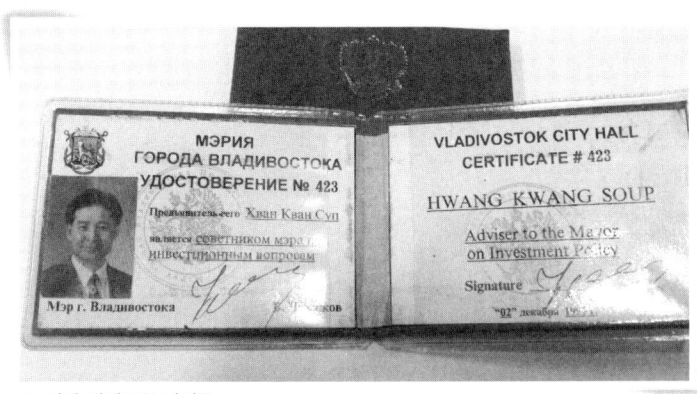

▲ 시장 경제고문 자격증

블라디보스토크 행정의 서울시 벤치마킹

　내게 왜 이렇게 바쁘고 돈 많이 드는 사업을 하냐고들 합니다. 옥한흠 목사님께서 기회 있을 때마다 하시는 말씀이 어디서든지 섬기는 자는 자신의 재물과 시간을 포기하지 않는다면 그건 섬기는 자의 자세가 아니고 입만 살아 있는 것이라 하셨습니다. 이 말씀에 따라서 나는 러시아가 생긴 이래 최초의 외국인 시장 경제고문이 되었고 그 뒤로 아직까지도 외국인에게 시장 경제고문 자리를 주지 않았다고 하니 참으로 감사한 일입니다. 시장 고문이 된 뒤 정기적인 시장단 회의에 참석하여 블라디보스토크 시의 시정에 관여하게 되었습니다. 매번 회의 때마다 해결하기 어려운 문제가 생기면 시장은 저에게 자본주의 사회에서는 이런 문제를 어떤 방법으로 해결하느냐고 자문을 구했습니다.

　시장님이 저에게 말하길 시장님은 결제할 업무가 너무 많아 하루에 2시간 이상 잠을 자지 못하고 퇴근도 없이 매일 사무실에서 침식을 하여 가족과 함께 식사할 시간도 없다고 하였습니다. 그 이유를 물어보니 특히 시의 예산집행과 실행하는 모든 일이 시장의 결제가 있어야 집행이 되어서 결제할 일이 산더미같이 쌓여서 다른 일은 손도 못 댄다고 했습니다.

러시아는 도장 문화가 아니고 모두 사인 문화로 서류를 검토해서 직접 사인을 해야 하니 사인 한 장 하는 데도 2분이 더 걸린다고 하였습니다. 그래서 내가 우리나라에서는 대부분의 업무를 구청으로 위임해서 시장의 업무를 대폭 줄인다고 했더니 의아해하며 자세한 내용을 알아봐 줄 것을 요청하였습니다.

그래서 서울 출장길에 우리 교회의 구청에서 근무하는 집사님을 찾아가서 자세히 물어보고 구청 일이 진행되는 모든 과정을 서류로 만들고 우리나라의 관련 법규집도 구입하여 제안서와 함께 드렸습니다.

러시아는 페레스트로이카는 했지만 아직도 수많은 영역에서 옛 소비에트 제도를 벗어나지 못하고 있었습니다. 시간이 얼마 지나서 시장님과 블라디보스토크 각 지역별 책임자들의 회의에서 한국의 지방 분권 지방자치와 서울시의 사례를 설명하면서 한국에 함께 가서 현장에서 직접 관찰하고 배우는 시간을 가지면 좋겠다고 권유를 드렸습니다.

시장님과 측근들이 회의에서 한국 출장을 결의한 후 나는 부시장 등 실무자 일행을 모시고 서울 출장을 갔습니다. 서울시와 구청과 몇몇 곳을 방문하여 시장의 권한과 분권에 대한 한국의 현황들을 배우게 했고 다시 러시아로 돌아온 후 시장님이 꼭 가지고 있지 않아도 되는 권한들을 구청장들에게 대폭 위임하여 조직을 가볍고 스마트하게 만드는 일을 진행하여 블라디보스토크 시는 다른 시의 모범이 되는 행정조직을 갖게 되었습니다.

나는 이를 위해서 많은 경비와 시간을 감당했습니다만 나의 돈과 시간을 포기하여 이런 기적이 일어났다고 생각하니 역시 옥한흠 목사님의 말씀대로 실행한 것이 옳았다고 믿습니다.

▲ 블라디보스토크 경제고문 당시 시장 오픈 행사 책자 일부와 표지

기회를 놓친 대기업

어느 날 시청에서 경매로 나온 호텔이 여러 번 유찰되어 장부 가격인 30만 불에 구매하라고 하여서 당시에는 내 나이 45살에 불과해 그만한 큰돈을 구할 수 없어 교민들에게 이야기를 했습니다. 누구도 믿지 않아서 정확한 자료를 제공했는데 어느 한국 기업에서 구입을 하려고 일을 진행하면서 정작 저를 제쳐 놓고 진행하다가 결국은 스웨덴 회사가 매입하고 말았습니다.

그리고 또 어느 날은 극동에서 제일 큰 라디오 생산 공장의 부두가 경매로 나와 3번이나 유찰되어 정부 가격으로 계약할 수 있었는데 나에게 시장님이 한국 기업이 구입한다면 당장 계약할 수 있도록 도와주신다고 하였습니다. 시장님과 함께 항구에 가 보니 선박을 3대 정박할 수 있는 부두가 2천만 불에 유찰되었다는 설명을 듣고 즉시 한국 기업 중 한라, 삼성, 대우, 현대 등에 연결했더니 부두 규모로는 가격이 너무 저렴하여 이해가 안 된다며 시간을 끌다가 결국 싱가포르 회사에 수의계약으로 넘어갔으니 못내 아쉬움이 남았습니다.

만약 내가 돈을 벌기 위해 이런 부동산을 구입했다면 아마도 큰 부자가 되었을 겁니다. 그럴 때마다 나는 시장님에게 돈을 벌려고 여기 온 것이 아니라 러시아를 사랑하고 또 나의 작은 능력이지만 러시아를 위해 일하려고 왔다고 당당히 말했습니다. 한편으로는 아쉬움이 있는 것도 사실입니다. 그러나 내가 만약 러시아에서 거부가 되었다면 마피아의 표적이 된 나는 이미 선교사도 이 세상의 목숨도 아니었을 것입니다. 이 모두를 현재의 나로 지킨 것은 하나님의 보호하심이라 믿으며 감사하고 있습니다.

선교사도 아니고 기업인도 아닌

　초창기에 블라디보스토크에 도착하여 정착을 하고 연해주 선교사협의회에 가입하려 했는데 그 당시 선교사협의회의 규약에 목사만 가입할 수 있다고 돼 있어 선교사인 나는 가입할 수 없었습니다. 그리고 기업 상사 모임에 가입하려고 했는데 휘닉스 가구 대표인데도 선교사이니 선교사협의회로 가라며 거기서도 가입이 거절되었습니다. 초창기에는 저의 나이도 40대로 젊다 보니 얕잡아 보았는지 어디에도 환영받지 못한 자리에서도 열심히 선교와 사업을 하고 있던 때였습니다.

　그래도 섭섭한 마음을 가지지 않고 열심히 일하고 또 기도하며 선교 사역에도 나름대로 최선을 다했습니다. 아침마다 직원들보다 1시간 먼저 출근하여 기도하고 전 직원들을 모아서 매일 구호를 외치고(야쇼스마구) 주 2회 예배드리며 통역을 통하여 복음을 전하고 말씀으로 양육했지만 직원들은 전혀 변화되지 않았습니다. 그래서 한국에 나와서 선교 전문가인 한정국 선교사님에게 상황을 설명하고 방법을 알려 주실 것을 부탁했더니 러시아인 목사나 전도사를 예배 전날 만나서 내가 지향하는 하나님 말씀을 함께 나누고 그 후 직원들에게 설교를 하라고 했습니다. 그래서 고려인 슬라비 선교사에게 사례비를 지급하고 정식으로 사목으로 임명하여 예배를 드렸더니 직원들의 변하는 모습이 눈에 나타났어요.

장마철 어느 날 수입한 컨테이너가 공장에 도착하게 되어서 모두 모여서 기도하고 오후에 도착하는 물품을 어떻게 하역할까 하고 걱정을 하고 있었더니 모두들 하는 말이 우리가 아침에 기도했는데 무슨 걱정을 하느냐는 거예요. 사실 그들의 기도 때문인지 비도 오지 않고 하역 작업을 다 마치고 나서야 억수같은 비가 3일 동안 오는 겁니다. 이처럼 하나님은 저에게 맡겨 주신 영혼들을 위해 일하고 계신다고 믿었습니다.

러시아 새 종교법

저는 저와 함께 일하며 도와주신 통역을 통해서 하루에도 몇 번 바뀌는 러시아의 새로운 법이 시행되는 과도기적 사회 상황을 주목하고 있었습니다. 그러나 그 당시 한국 선교사들은 개별적으로 목회와 선교 활동을 하고 있어서 러시아 종교법이 바뀌면 그 영향력이 얼마나 크고 위험한지를 모르고 있었습니다.

어느 날 신학교를 운영하던 정균오 선교사님이 우리 회사에 오셔서 저와 대화 도중에 어쩌면 한국 선교사들이 다 추방될 수도 있고 교회들이 문을 닫을 수도 있다고 걱정을 하면서 시장 고문이신 황 선교사님이 도와달라고 하였습니다. 그해 1월 1일 발표된 새로운 종교법은 모든 종교를 하나로 통합한다고 공표되었기 때문입니다. 문제는 선교사 전체 모임(회의)에서 연합으로 등록하도록 협의하고 한 분의 선교사가 재빠르게 회원들과 공동으로 한다고 협약한 후 자기 교회만 몰래 등록 신청을 한 것이었습니다. 그래서 각기 다른 교단들이 먼저 등록한 그 교단에 편입되든지 아니면 추방될 수도 있다고 하는 것이었습니다. 선교사님께서 저 보고 시장의 경제고문이시니 자세히 알아보라고 하여 사태의 심각성을 느끼고 금식하며 아버지께 지혜를 구하였습니다.

종교 문제의 최종 결정권자가 누구인지 여러 곳을 확인해 보니 시장이란 사실을 알게 되어서 선교사님들에게 시장님의 마음이 움직여지도록 기도하자고 하였습니다. 러시아 정교회의 신자인 시장 빅토르 체리코프를 위해서 기도하며 먼저 부시장님과 구청장님들을 한 분 한 분 찾아다니며 설득하기 시작했고 또 도와주실 것을 부탁했습니다. 드디어 하루 날을 잡아서 이 문제를 회의의 정식 안건으로 상정하게 되고 회의 중 시장이 왜 이런 문제를 상정했는지 설명해 보라고 기회를 나에게 주었습니다. 나는 성이 황씨이고 다른 분들은 꼭 같은 사람이라도 각기 다른 성씨를 가지고 있듯이 교회 역시 오래전부터 모두 다 지켜 온 역사와 뿌리와 그 기록이 있으니 장로교, 침례교, 감리교, 성결교 등 역사적 뿌리가 있는 교회는 그대로 인정해 주는 것이 합당하다고 말하였습니다. 다른 분들은 어떻게 생각하느냐고 시장이 물으니 모두 다 솔로몬 황의 말이 맞다고 동의하니 그러면 이미 뿌리가 있는 교단은 다 전과 같이 해 주라고 결의해서 러시아에 하나님의 개신교들이 다시 세워지게 되었습니다.

하나님은 나 같은 전문인 선교사 한 사람을 통하여 여러 목사님들이 할 수 없는 일을 대신하게 하기 위해서 블라디보스토크로 보내시고 또 시장의 경제고문으로 세우신 것이라 확신했습니다. 이 일이 있은 후 선교사협의회는 약관을 바꾸어 전문인 선교사들도 협의회에 가입할 수 있는 길이 열렸습니다. 그 결과로 전문인 선교사로 사역하던 더 많은 분들이 협의회에 가입하여 더 다양한 정보를 얻고 협력하여 적극적인 사역 활동으로 사역을 확장할 수 있는 좋은 기회가 되었습니다.

▲ 러시아 비상대책위원 자격증

교회가 조선족 병원이 되다

　어느 월요일 아침 예배가 끝난 후 여직원이 나에게 할 말이 있다고 하며 하는 말이, 교회를 팔고 살 수 있느냐고 물었습니다. 그래서 나는 교회는 살 수도 팔 수도 없다고 잘라 말했더니 자기 어머님이 다니는 감리교회가 팔려서 야단이 났다는 겁니다. 그 교회는 내가 잘 알고 지내는 교회이고 목사님도 자주 만나서 교제를 하는데 무슨 소리냐고 먼저 전화를 하니 통화가 안 되어 즉시 차를 타고 가 보았습니다. 목사 사모가 조선족 침술사와 눈이 맞아(칠계를 범하여서) 그 조선족과 함께 살려고 목사 남편과 이혼을 하고 러시아어를 잘 모르는 목사에게 거짓말로 속여서 위임 공증을 받아 거짓 서류로 목사님 이름으로 되어 있는 교회 건물을 조선족에게 무상 기증 형식으로 넘겨 준 것입니다. 그 목사는 자주 자리를 비워서 사모가 하는 모든 행정 업무를 믿고 위임해 주었는데 결국 사모의 계획된 일에 속은 것입니다.

이러한 사실을 한참 뒤에야 알게 된 목사는 이성을 잃을 정도로 타락하게 되고, 사모는 이혼을 요청하고, 교회 건물은 (침술원으로 변경한 후) 무장 경비 회사의 경비원들을 동원하여서 교인들의 접근을 막고 십자가를 철거하여 침술원으로 개조한 참으로 부끄럽고 치욕스러운 엄청난 일이 벌어진 것을 확인하였습니다.

즉시 선교사협의회를 소집하였습니다. 이 교회 건물은 한국 후원 교회에서 60만 불을 들여서 신축한 교회 건물인데 무상 기증한 이 사태의 해결을 위해 전체 회의를 열었으나 이미 적법한 절차로 넘어간 교회를 찾을 방법은 재판을 통해서 바로잡는 것 외에는 다른 방법이 없다는 결론을 얻었습니다. 선교사들은 사모의 추악하고 부도덕한 일에 목사들은 이름을 올릴 수 없어 전문인 선교사이고 시장 고문인 황광섭 선교사에게 일임하니 교회를 찾는 일을 맡아 달라는 요청을 하였습니다. 우선 파송 교회인 부평 부광감리교회에 알려 드리고 고발장을 작성하여 민사재판을 하기 위해 시장님 변호사를 이 사건의 변호사로 선임했습니다.

당장 교회를 빼앗긴 성도들이 예배드릴 장소를 구해야 하는데 법적으로 예배를 드릴 수 있는 장소를 찾다가 15년 이상 사용하지 않은 극장을 빌려서 예배를 드리도록 하였습니다. 신학교를 담당하시는 정규오 목사께서 설교를 맡기로 하고 130명 넘는 러시아 성도들과 함께 죽으면 죽으리라 하는 심정으로 매주 모여서 기도하였습니다. 영하 20도의 난방이 안 되는 추운 냉방에서 예배하다 보니 교인들이 모두 병이 날 지경이었습니다.

이를 해결하기 위해 주 정부 종교국을 찾아갔습니다. 이러다가는 성도들이 모두 병이 나게 되니 100평 정도 되고 난방도 되며 주일은 문을 닫는 교회 근처 우리 회사 가구 전시장에서 예배할 수 있도록 허락해 달라고 여러 번 찾아가서 사정하고 부탁하고 또 성도들이 기도로 간청하였습니다. 그래서 꼭 의자를 배치해야 한다는 조건으로 최종 허가를 받았습니다. 러시아에서는 이런 종교 집회 장소는 당국의 허가를 받아야 하는데 허가를 받은 우리 회사 가구 전시장에서 따뜻하게 난방을 하고 전 교인들이 함께 기도하며 예배를 볼 수 있었습니다.

그러나 함께 부르짖으며 재판을 하였으나 1차 재판에서 지고 난 어느 날, 시내 전시장에 들른 나에게 조선족 침술사 '백기'라고 하는 자가 회칼을 신문지에 싸서 들고 사무실에 들어왔습니다. 나를 위협하며 당장 본 재판에서 손을 떼지 않으면 쥐도 새도 모르게 죽인다고 하며 나의 목에다 칼을 들이대었지만 이때에 마침 우리 직원들의 도움으로 위기를 면하게 되었고 서류를 보완하여 6개월 후에 하바롭스크에서 2차 재판을 열었습니다. 하지만 또 지게 되어 항소를 하였고 결국 모스크바 최종심에서 러시아 정교회 법에 교회 건물은 개인에게 선물로 줄 수 없다는 규정을 들어서 최종적으로 재판에서 승리하게 되었습니다.

교회를 개조하여 영업 중이던 그곳을 찾아가서 재판결정서를 제출하고 1주일 내에 건물을 비워 달라고 요청한 다음 등기소에 가서 교회 이름으로 등기 변경을 하고 다시 그 서류를 갖다 주며 비워 달라고 거듭 요청을 해도 비워 주지 않았습니다. 하는 수 없이 집달관서와 우리 회사 TV 광고를 하고 있는 방송국과 신문사 무장 경찰이 진입하여 무장 경비 회사를 내보내고 마침내 교회 건물을 되찾게 되어 다시 십자가를 높이 세우고 재입당예배를 드리게 되었습니다. 할렐루야!

지금은 러시아 고려인 목사를 세워서 하나님께 영광을 돌리는 복된 교회로 자라 가고 있습니다. 이 사건을 처리하면서 나의 엄청난 물질과 시간이 들어갔지만 어느 누구에게서도 한 푼의 비용이나 도움을 받은 적이 없었습니다. 그러나 하나님의 집인 그 교회를 다시 찾은 기쁨은 나의 어떠한 물질과 시간을 주고도 못 얻을 하나님이 은혜였습니다. 역시 잃어버린 교회를 되찾는 일은 교회를 개척하는 것보다 어렵다는 것을 깨달았고 또 목회자나 선교사 그리고 그 가족은 반듯한 가정생활을 하고 정결한 믿음의 부부가 되어야 한다는 교훈도 얻었습니다.

그 후 그 교회를 되찾은 일로 한국 부평 부광감리교회로부터 감사패를 받았습니다.

▲ 잃어버린 교회를 찾은 후 부광교회에서 받은 감사패

나눔의집 버려진 아이들에게

　눈이 엄청나게 와서 자동차가 못 다니는 추운 어느 날, 고려인들이 모여 사는 우수리스크에 갈 일이 생겨서 기차를 타려고 역에 들어서니 역사 안에서 아이들을 밖으로 내쫓는 모습을 보았습니다. 그 아이들의 형색을 보니 집이 없는 아이들같이 남루한 모습이었고 내가 타고 있는 기차로 와서 추위를 녹이며 빵을 구걸하는 것이었습니다.

　5살에서 7살 정도로 보이는 아이들이 거지 행색을 하고 이 추운 날씨에 갈 곳이 없이 거리를 떠도는 이 안타까운 상황을 도저히 그대로 두어서는 안 될 것 같아 시장님을 찾아가서 상황을 보고했습니다.

　당시 시장이던 빅토르 체리코프는 고아가 되었거나 부모가 버려 가출한 아이들을 고아원에서 보호를 해도 자유분방한 러시아 아이들이라 대부분 통제를 견디지 못하고 도망 나와서 거리를 배회하고 거지가 되는 문제를 자신도 감당할 수가 없다고 하면서 나에게 좋은 해결 방법이 있으면 무엇이든지 적극 도와주겠다고 했습니다.

그래서 나는 시장의 적극적인 지원을 받아 사랑의집(사랑문화센터) NGO법인센터(현재 사랑의교회 손니치문화센터)를 설립할 준비를 하면서 따뜻한 온수가 나올 수 있는 60평 정도의 건물을 전차(트람바이) 종점 근방에 월 300불에 임대하였습니다.

제 아내 남성자 선교사가 그 아이들을 돌보는 일의 책임을 맡고 또 도움을 주신 러시아 고려인(당시 회사 직원)과 지금은 선교사인 홍미애 님과 함께 버려진 18세 이하의 러시아 아이들이 와서 씻고 먹고 쉬어 가게 했더니 하루 평균 70여 명의 아이들이 모여들었습니다. 이를 위해 우리 남성자 선교사가 참으로 힘든 일을 감당했습니다. 100여 명을 먹일 음식을 준비하기 위해 추운 러시아의 시장에 매일 가서 식품을 구입하는 일은 상당히 고되었고, 특히 옷이나 신발이 없는 아이들에게는 옷과 신발을 사 주어야 해서 상당한 비용도 들어갔습니다. 나와 아내 남성자 선교사가 이런 사역을 감당하게 하기 위해서 하나님이 저의 회사를 통하여 날로 많은 수익을 주시니 물질에는 큰 어려움이 없었습니다. 그릇 종류 등 주방 용품은 한국에서 사랑의교회로부터 지원받게 되었고 특히 두레교회를 섬기는 김진홍 목사님 사모께서 많은 아이들 옷을 지원해 주셔서 큰 도움이 됐습니다.

▲ 버려진 아이들 약 70명에게 밥을 먹이고 예배를 드리다

아이들에게 성경을 가르치며 차세대 믿음의 일꾼들로 준비 시킨다는 사명에 뜻을 두고 남성자 선교사가 열심히 섬겼습니다. 이렇게 열심히 섬기던 중 김동익 선교사님께서 KBS 방송국에 이 사실을 알려서 KBS 한민족 리포트 2003년 6월에 방송으로 소개되기도 했습니다. 4년 정도가 지난 어느 날 영국 BBC 방송에서 러시아 길가의 아이들에 대한 방송이 나간 후 푸틴 대통령은 러시아의 망신이라며 모든 거리의 아이들을 전부 고아원에다 강제로 잡아 가두라고 명령을 내렸습니다. 우리가 운영하던 나눔의집에도 아이들이 못 오게 되어서 그 대상을 할아버지 할머니로 바꾸어 봉사했습니다.

참으로 감사하고 기쁜 일은 나눔의집을 운영하면서 도움을 받은 아이들 중에 많은 아이들이 신앙생활을 하고 있다는 사실이었습니다. 아이들이 성장한 후 그 모습이 많이 달라져 알아볼 수 없는데 블라디보스토크 시내에서 지나다 나를 보면 그들은 나를 기억하며 알아보고 "솔로몬 황!" 부르며 다가와 인사를 할 때가 있습니다. 그럴 때면 잃었던 자식을 만난 것같이 반가웠고 지금은 어느 교회에서 신앙생활을 하고 있다고 자랑스럽게 자기 소개하는 것을 들으면 하나님께서 우리의 수고와 섬김을 기뻐하셨고 상급을 주신 것이라 굳게 믿었습니다. 성경에서도 아이들을 섬기는 것이 바로 예수님을 섬기는 것이라고 말씀하지 않았습니까.

나눔의집 사역 변경

집 없이 거리에서 떠돌던 아이들을 불러 모아 먹이고 입히며 돌보던 사역을 러시아 당국이 그 어린이들을 고아원에 강제 수용하게 되어 중단하면서 대신 할아버지 할머니들 즉 노인들을 돌보는 사역으로 바꾸었는데 이 바꾼 사역이 갈수록 곤란한 일들을 겪게 되었습니다.

경제적으로 너무 어려운 노인들이 우리가 드리는 음식을 먹고 식중독에 걸렸다고 병원비와 치료비를 요구하는가 하면 심지어는 감사하기는커녕 음식에 대한 불만이 많아지면서 다시 방법을 바꾸어서 음식물 배달로 대체하게 되었습니다.

우리 부부는 구청으로부터 아주 어려운 분들의 명단을 받아서 조리 안 된 음식 재료인 버터, 설탕, 오이, 당근, 닭 한 마리 등을 곱게 포장을 하여 토요일마다 전기가 없는 깜깜한 아파트에 사는 노인들을 한 분 한 분 힘들게 찾아가서 문을 두드렸습니다. 몰골이 해골 같은 노인들이 얼굴을 내미는데 정말 도움이 필요한 어려운 환경에서 목숨을 연명해 가는 듯한 안타까운 모습들이었습니다.

　이 노인들은 아주 적은 연금으로 살아가기에 고기는 생각도 못 하는 형편이었고 작은 도움이라도 드리려고 시작한 사역인데 어쩌다 한 주 못 가면 원망을 하며 지난주는 누구에게 주고 나는 왜 안 주느냐, 또 고기가 전보다 적어졌다는 등 항의를 하는 일도 있었습니다. 우리 부부가 온종일 춥고 미끄러운 눈길을 걸어서 배달해 주었는데 처음엔 감사하던 노인들이 이제는 우리가 어디에서 많이 받아 중간에서 떼어먹고 자기들에겐 조금만 갖다 준다고 오해를 하는 등 참으로 참기 어려운 황당한 일들로 한계에 부딪쳐 결국 미안한 마음으로 6년 만에 그 사역을 정리하고 말았습니다.

뇌출혈로 쓰러짐

　풍토와 문화가 다른 곳에서 선교 사역과 기업을 운영하느라 무리하게 뛰어다니던 4월 어느 날, 퇴근길에 집 앞에 도착했는데 도로 위에 많은 아이들이 나와서 놀고 있는 걸 잠시 보며 손을 흔들어 주고 차고에 차를 세우고 집으로 들어갔습니다. 마침 아내가 친구 집에 저녁 식사 초대를 받았다고 하여 아내와 함께 차고에서 차를 꺼내서 나가려고 하는데 갑자기 눈앞이 깜깜해지며 안 보이는 겁니다. 이마에 손을 짚으며 아내에게 말하고 차를 세운 후 문을 채 닫지도 못한 채 어렵게 계단을 짚고 다시 집으로 올라가는 순간 정신을 잃고 쓰러졌습니다. 당시엔 전화가 귀하여 누구에게도 연락이 안 되어 아내는 쓰러진 남편을 앞에 놓고 어찌할 바를 몰라 아는 교민들에게 전화를 걸었는데 30분이 지나서야 통역하시는 분의 도움으로 병원으로 실려 갔습니다. 당시의 병원에는 진통제 하나도 없는 그런 때인지라 그냥 옷을 모두 벗겨 알몸이 된 나를 철판으로 된 수술대에 누이고 몇 시간을 기다려도 담당 의사가 오지 않았습니다.

마침 담당 의사가 아닌 유대인 의사가 지나다 보고 통역에게 "지금 그냥 두면 죽게 되니 당장 머리에서 피를 빼내야 합니다. 담당 의사가 없으니 제가 수술을 해도 되겠습니까?"라고 해서 아내는 당장 아무 방법이 생각나지 않아 무엇이든지 해 보라고 했다고 합니다. 알렉세이 의사는 즉시 손 드릴로 내 머리에 작은 구멍 3곳을 뚫고 고인 피를 제거해서 겨우 생명을 살릴 수 있었습니다……. 3일 동안 내가 깨어나지 못하자 수술을 한 의사는 밤잠을 자지 못하고 고민을 했다고 후에 말해 주면서 바로 2주 전에 나와 꼭 같은 수술을 했기 때문에 크게 걱정은 안 했으나 이 수술은 자기가 한 것이 아니고 오직 하나님이 하신 것이고 당신도 당신 하나님이 살리신 것이니 내가 아니라 당신 하나님께 감사하라고 말했습니다. 나의 건강을 생각하지 않은 무리한 선교와 사업의 매진으로 악화된 건강 때문에 일어난 일이었습니다. 죽음의 문턱에서 나를 지키며 피눈물을 쏟은 우리 남성자 선교사에게는 지금도 눈물이 북받칠 정도로 마음이 아프고 미안하게 생각합니다.

수술 후 3개월 동안 병원 신세를 지고 퇴원했으나 기억을 회복하지 못해 아내를 애타게 했던 것을 생각하며 선교지에 나가 선교 활동을 하는 많은 선교사님들에게 부탁하고 싶은 간절한 말은 조급하게 하지 마시고 주께서 주시는 지혜로 사역의 길을 가시면서 우선 건강을 돌보고 살피시기를 바란다는 것입니다.

두레농장

　두레교회에서 파송받고 와서 우수리스크에서 사역하던 고 김창식 선교사님이 순교를 당하신 일이 발생해서 선교사님 장례를 치르기 위해 김진홍 목사님과 장로님들이 러시아를 방문하셨을 때 제가 그분들을 모시고 모든 일을 처리하며 일정을 함께하게 되었습니다. 장례 절차를 모두 마치고 한국으로 돌아가시면서 김진홍 목사님은 저에게 한국에 오면 꼭 만나자고 하셨습니다.

　얼마 후 한국 출장길에 김진홍 목사님을 찾아뵈었는데 목사님은 연해주에 두레농장을 하고 싶은데 도와줄 수 있는지 물어보았습니다. 두레 NGO를 만들어서 북한과 한국 그리고 러시아에 있는 고려인들을 섬기고 싶어 하셨습니다.

　러시아로 돌아온 후 연해주 여러 곳을 방문하면서 적당한 농장을 할 수 있는 장소를 알아보다가 북한과 중국, 러시아 국경 근처인 핫산 시 부근에 있는 바리바 시로 결정을 내렸습니다. 바리바 시는 지구 온난화로 갈수록 시베리아가 매년 50km 정도

씩 녹아서 고랭지 배추를 재배할 수 있는 조건을 갖추어 연해주에서는 최적의 장소로 여겨졌습니다.

농사를 책임질 분이 한국에서 오셨는데 농사를 전혀 모르는 건설 회사 임원 출신으로 중년에 목사 안수를 받은 분이었습니다. 첫해 일본 단호박을 실험적으로 심었는데 예상외로 호박 농사가 잘되어 200톤이라는 많은 양의 호박을 수확했는데 문제는 판로였습니다. 일본이나 한국으로 수출하거나 북한에 보내 주라고 두레교회 측에 말했으나 법적인 문제로 어려웠습니다. 사람이 먹는 식품 유통은 생각보다 까다롭고 또 시기적으로도 곧 겨울이 와서 보관하기도 어렵고 수출도 불가능하여 러시아 고아원에 100톤을 기증한다고 연락해도 가져갈 차량이 없어 결국 트럭을 빌려서 고아원까지 운송해 주었습니다. 그래도 남은 100톤의 호박을 처리하는 데 골머리를 앓았습니다. 더군다나 책임자였던 분도 관련 법을 잘 알지 못한 채 일을 처리하다가 추방까지 당한 상태였습니다. 한국에 전화를 하니 김진홍 목사님은 전부 다 버리라고 하셨는데 나는 그 아까운 농산물을 버릴 수 없어 다른 방법을 찾게 해 달라고 하나님께 기도하였습니다. 낯설고 물 선 외국에서 힘들게 농사를 지어 수확한 농산물을 비싸게 팔아도 아쉬울 판에 공짜로도 처리할 방법이 없으니 참으로 한심하기가 짝이 없었습니다.

그러던 중에 한국 해군 순양함이 블라디보스토크 항구에 입항

한다는 소식을 듣고 기도 응답을 받았다는 확신을 가지고 해군 제독을 만날 수 있는 길을 수소문한 끝에 만났습니다. 호박 한 상자를 준비해서 함대 사령관에게 선물하며 시식해 보시고 필요하시면 더 많은 양을 지원할 수 있다고 했더니 먼저 1톤을 제공하여 주시면 블라디보스토크 항에 정박한 중이니 대한민국 해군들에게 먹여 보겠다고 했습니다. 1톤의 단호박을 제공하고 반응을 기다리며 기도하고 있는데 반응이 너무 좋아 50톤을 더 지원해 준다면 전 세계를 항해하면서 다른 나라에 나누어 주고 남는다면 두레교회에 갖다 주신다고 하였습니다. 결국 50톤의 단호박을 지원하기로 하고 3대의 대형 트레일러에 실어 군항에 입항하려 했으나 극동함대가 허락하지 않아서 부두에다 트럭을 10시간이나 세워 두고 극동함대 사령관에게 어렵게 승인을 받았습니다. 그렇게 우여곡절 끝에 함정에 실어 주게 되고 순항을 마치고 한국에 돌아가서 남은 2톤을 두레공동체에 전달했다는 소식을 들었습니다.

이번 일을 하면서 또 한번 깨달은 것은 현지의 법과 문화를 정확하게 알고 있는 것이 사역과 사업에서 실수와 실패를 하지 않는 첩경이라는 것이었습니다.

발해의 민족 뿌리를 찾아서

　우수리스크에 있는 러시아 화백을 만나 보니 이분의 얼굴이 우리와 너무 닮아서 어떻게 나의 얼굴과 같으냐고 물었더니 자신도 고려족이라고 하는 겁니다. 자신이 태어난 곳에는 고려족이 1,500명 정도 사는데 여기에서 시베리아로 1,500km 정도 떨어진 곳이라는 겁니다. 그래서 대한민국 총영사님에게 말씀을 드리고 시간이 될 때 한번 방문하는 기회를 만들자고 하여 어느 겨울날 전화를 했더니 도로가 얼고 난 후에야 자동차로 갈 수 있다고 해서 2월에 4륜 차량 두 대로 출발해 비포장 산길을 이틀을 달려 찾아갔습니다. 그곳에는 소수민족인 나나이 족과 우대계라고 하는 두 민족이 함께 살면서 두 민족끼리는 혼인을 한다고 했습니다. 그곳 추장님 댁에서 3일간 머물며 그들이 어떻게 이곳에서 살게 되었는지 알아보니 나나이 족은 1년 전에 일본에서 자기들 민족인 줄 알고 유전자 검사를 했는데 조선 민족 즉 한국 민족이란 사실을 알게 되었다고 하였습니다. 우리의 방문을 무척 기뻐하며 자신들의 뿌리를 찾게 해

주셔서 진심으로 감사하고 기쁘다고 하였습니다.

한편 우대계 족은 몽골 족이란 사실도 알게 되었습니다. 이 분들은 주식으로 주로 생고기를 먹는데 이곳에는 황소만 한 순록들이 산속에 많아서 언제든지 잡을 수 있다고 하나 호랑이는 신으로 섬기고 있어 절대로 잡지 않는다고 했습니다. 집은 우리 민족과 같은 형태로 짓고 가축은 기르지 않는데 들짐승들이 하도 많아 가축을 잡아먹기 때문이며 가끔 사람을 잡아먹는 경우도 있다고 했습니다. 여기에 살면서 제일 힘든 것이 무엇이냐 물었더니 병원이 없는 것이라 아픈 사람이 생기면 여름엔 아주 폭이 좁은 물길에 배를 띄워 병원까지 하루를 가야 하고 특히 치통이 올 때는 해결할 방법이 없다고 했습니다.

그래서 우리 일행은 돌아온 후 한국에서 긴급 약품을 다량으로 지원해 드렸고 대한민국 치과선교팀이 매년 2회 3일간 행군을 해서 그곳을 찾아가 이들에게 의료 혜택을 주시고 하나님을 알지 못한 채 일생을 살아가는 이분들에게 그리스도의 복음이 들어갈 수 있도록 기도했습니다. 그 결실로 지금은 한국 선교사 팀이 들어가서 교회를 개척했다고 합니다.
　이 모든 것으로 하나님 아버지께 영광을 드리며 전문인 선교사의 필요성을 다시 한번 권유합니다.

제2부

기도하며 준비하니
기회가 오다

선교사 마약 밀수 사건

어느 수요일 저녁 뉴스에 한 외국인 선교사가 이삿짐 속에 마약을 숨기고 오다가 적발되었다고 하길래 나와 무관한 보도로 여겼는데 다음날 홍정길 목사님께서 급한 목소리로 전화를 하셔서 변호사를 찾아 보라고 하시는 겁니다. 자초지종을 들어 보니 홍 목사님께서 연해주에 파송한 두 분 선교사 중 한 분은 의사이고 또 한 분은 목사였는데 의사이신 분이 한국 병원에서 사용하던 항생제를 이삿짐에 넣어 둔 것을 마약 탐지견이 발견하여 모스크바 중앙 텔레비전에서 방송되었다고 합니다. 정작 당사자들은 알지도 못한 상태에서 통관을 기다리고 있던 중에 일어난 사건으로 다음 월요일 아침 10시에 세관 경찰이 구속한다는 통보를 받아 그제야 알게 되었다고 합니다. 목사님 이름으로 된 이삿짐이라 홍 목사님에게도 알렸고 홍 목사님은 저에게 급히 연락하여 변호사를 찾으라는 것이었습니다.

지금 변호사를 찾는다고 해도 시간이 걸리고 특별한 방법이 없어서 기도하고 있었습니다. 사실 극동세관장은 저와는 특별한 관계를 유지하고 있어서 세관장에게 자문을 받으려고 전화를 해도 통화가 안 되어 하는 수 없이 세관장 자택으로 전화를 해도 안 받아서 주변에 알아보니 여름 집(다차)에 가서 토요일이나 일요일 온다고 했습니다. 계속 기도하며 일요일도 전화를 하니 저녁 10시에야 딸아이가 전화를 받는 거예요. 아빠를 바꾸라고 해서 인사하고 우리 통역을 통해서 자초지종을 말하니 다음 날 8시에 사무실로 오라고 했습니다.

아침 일찍 회사에 출근해서 예배를 드려야 하는데 김문일, 윤영곤 두 분의 선교사님이 벌써 와서 기다리는 겁니다. 전도사님께 예배를 부탁드리고 세관을 방문하여 세관장을 뵙고 이건 마약이 아니고 항생제이며 이분이 의사이니 성분분석표를 오늘 중으로 제출하겠다고 하며 10시 출두를 연기해 달라고 부탁을 했습니다. 오늘 중 출두만 연기해 달라고 거듭 부탁을 하고 복도에 쪼그리고 앉아서 기다리고 있는데 10시에 나오더니 출두를 3일간 보류했고 언빙에 보고한 내용이라 완전히 막지는 못했다고 했습니다. 일단 3일은 벌어서 한국의 홍정길 목사님께 긴급 기도를 부탁드리고 본 약품의 성분분석표를 영어로 받아서 다시 러시아어로 번역하여 제출하라 하였습니다. 제가 여러 심사위원 세관 경찰을 찾아다니며 사전 로비를 하여 결국 무혐의로 풀려나게 한 그 사건은 전적으로 하나님의 은혜와 은혜교회 성도들의 특별 기도와 전문인 선교사인 저의 평소 인간관계가 아니었다면 관련된 선교사 두 가족은 선교 사역을 시작도 못 해 보고 교도소에 갈 수밖에 없는 아찔한 사건이었습니다.

처음 해외로 나가는 선교사들이 새겨들어야 할 실수하기 쉬운 일입니다.

블라디보스토크 국제학교 태동

어느 날인가 중앙아시아에서 돌아와 우수리스크에 있는 고려인들을 위해서 잠시 방문하신 홍정길 목사님께서 제가 러시아에서 나름대로 자리를 잡고 시장 고문도 하며 선교사님들을 많이 도와준다는 것을 아시고 한국에 오면 좀 만나자고 하셨습니다. 그래서 얼마 후 한국 출장길에 홍정길 목사님과 조찬을 하며 오후 시간까지 목사님 사무실에서 러시아 사람들을 도울 수 있는 선교의 방법에 대해서 장시간에 걸쳐 의견을 교환하게 되었습니다. 러시아의 미래를 책임지고 있는 어린이들을 전도하기 위해서 학교를 설립하여 양육하는 방법이나 예술 쪽에 탁월한 러시아 교사를 한국에 모셔서 교육하는 방법들을 알아보았습니다. 그러나 제일 좋은 방법은 러시아 법에 저촉되지 않고 무난한 방법을 모색하는 것으로, 결국 러시아에 (예술 학교 켄설바토르를) 세우는 것으로 결론이 났고 그래서 홍 목사님은 학교를 세우고 운영할 수 있는 방법을 알아보자고 하셨습니다. 나는 러시아로 돌아온 후 학교 건물을 알아보는 것이 우선이라 여러 곳을 물색하다가 현재 블라디보스토크 국제학교가 있는 건물이 러시아에서 열 번째 안에 들어가는 수산 회사(뵈테레프) 여름 학교(라겔)로 쓰이는 곳을 발견하게 되었습니다.

그동안 알아본 후보지 3곳 중에서 이곳을 보시려 홍정길 목사님과 한동대학교 김영민 교수님이 함께 오셨습니다. 첫 번째 후보지인 라겔의 건물과 땅을 저와 함께 둘러보시고 하시는 말씀이 학교 부지로 적격이라 하면서 그 이유는 첫째, 건물이 캠퍼스로 손색이 없고 둘째, 시청과 15분 거리라 관련 행정 업무 보기에 좋고 셋째, 교통이 편리해서 접근성이 좋으니 다른 곳은 안 보아도 되겠다고 하셨습니다. 그 당시 학교 부지는 뵈테레프 수산 회사 소유의 건물이었습니다. 이 수산 회사는 배가 100척이 넘는 큰 회사였지만 소비에트 붕괴와 관리 부실로 파산한 후 법정 관리 상태였습니다.

그래서 법원에 가서 알아보니 학교 건물로 필요한 여름 학교인 라겔만 따로 떼어서 팔 수 없다고 하였습니다. 당시 라겔은 전체 금액의 0.002%로 일괄 경매로 진행해야 한다고 했습니다. 저는 법정 관리 책임자를 한 달 동안 매일 찾아갔으나 만나기가 쉽지 않았는데 어느 날은 오전부터 저녁까지 기다리던 중 겨우 만날 수 있었습니다. 우선 꺼낸 말이, 우리가 러시아에서 돈을 벌려고 하는 것이 아니고 러시아의 역사와 문화를 배우고 우리나라가 가지고 있는 여러 가지를 공유하려 한다고 설득을 하면서 식사에도 초대하고 자주 찾아가서 선물도 드리며 도움을 요청하는 것이었습니다. 당시 법정 관리를 책임지던 분은 부장판사였는데 본인이 모스크바에 가서 라겔만 따로 떼어서 팔 수 있는지 자세히 알아보겠다고 했습니다.

그분이 모스크바 출장을 간 지 10여 일 만에 분할 매각이 가능하다는 연락을 받았습니다. 그래서 즉시 한국 남서울은혜교회에 연락을 했습니다. 더욱 감사한 것은 장부 가격인 약 16만 7천6백40 불로 매입을 할 수 있게 되었는데 당시 시세는 80만 불 정도였으니 아주 저렴하게 매입하게 된 것입니다. 매입을 진행하기 위해서 공식적으로 매입 금액을 은행에 루블로 입금해야 하는데 이처럼 많은 돈을 한국에서 가져오는 것도 문제여서 출장자, 여행자 등을 통해서 미화로 가져와서 공탁금으로 내야 하는 데도 어려움이 많았습니다.

그리고 환전을 하기 위해서는 성도들이 헌금으로 보내 준 귀한 돈이니 될 수 있는 대로 수수료를 아낄 수 있는 좋은 조건의 환전소를 찾아야 하는데 여기서는 환전소마다 환율이 달라서 환전소 결정도 대단히 중요합니다. 그런데 지인들을 동원해서 믿을 만한 환전소에서 환전을 하기 위해 한 장 한 장 위폐 식별기로 식별을 하던 중 몇 장의 위폐가 발견되어 지점장이 경찰에 알려야 한다는 겁니다. 그럴 경우 모든 돈을 압수당하고 또 돈의 출처를 알려야 하는데 교인들의 헌금이니 그럴 수도 없었습니다.

그 순간 잠시 기도하는 중에 지혜를 주시기를 이것은 현대호텔에서 받은 돈이니 현대에 반납해야겠다고 말하고 돈을 도로 받아서 나오는데 누군가 우리를 따라온다는 느낌이 들어 현대호텔로 그냥 문을 열고 들어갔습니다. 우리 회사 사람들과 현대호텔 총지배인 방으로 들어가 도움을 요청하고 거래 은행에서 조금의 환차손을 보고 환전하고 입금하는 기적이 일어났던 것입니다.

우여곡절 끝에 공탁금을 법원 계좌에 입금하고 동시에 등기를 신청해야 하는데 누구 이름으로 등기를 할 것인가가 문제였습니다. 어느 목사는 자신의 이름으로 꼭 해 달라고 하고 어느 선교사는 자신의 이름으로는 절대 하지 말아 달라고 했습니다만 결국 의사인 윤영곤 선교사의 이름으로 하라는 홍정길 목사님의 결정으로 금요일에 등기 신청을 했습니다.

러시아 국제학교 법인 신청

그리고 10일 이내에 정식으로 등기 서류를 받기에 마침 토요일에 한국 출장을 가게 되어 은혜교회에서 주일예배를 드리고 홍정길 목사님께 등기 신청 서류를 드렸습니다. 그리고는 러시아로 돌아온 후 다음날 등기소에 등기를 찾으러 갔는데 노보시비르스크 옆 케메로보 법원에서 자동 가압류로 가처분을 걸어 놓은 겁니다. 법적인 모든 절차와 공식적인 돈도 모두 지불했는데 가압류 상태를 등기소에서도 알지 못했고 결국 학교 건물은 사지도 못하고 돈만 날려 버릴 상태에 처한 것입니다.

지금에서야 말로 쉽게 할 수 있지만 이런 통보를 받고 은혜교회 선교 담당 고위경 장로에게 연락했더니 홍정길 목사님과 직접 통화하라고 해서 저녁에 홍 목사님께 전화로 말씀드렸던 당시에는 목사님도 아무 말씀을 못 하셨습니다. 사실 그 돈은 목사님 장인께서 유산으로 주신 돈인데 이런 통보를 받으시니 어이가 없었겠지요. 그 건물을 찾기 위해서 피를 말리는 지루

한 재판이 시작되었습니다. 소문은 삽시간 교포 사회에 퍼지게 되고 사랑의교회에서 선교사로 기업인으로 또 시장의 고문으로 목에 힘을 주고 고급 승용차에 운전기사까지 두고 다닌다는 곱지 못한 시선으로 그동안 나를 보던 분들은 그럴 줄 알았다는 둥 참 잘 되었다는 둥 수군거리니 얼굴을 들고 다닐 수가 없었습니다.

그래서 나는 전세로 준 서초동 아파트를 팔아 은혜교회에 드리고 우리는 재판을 해서 꼭 이겨 돈을 돌려받자고 아내를 설득하기까지 했습니다. 그때 나는 소화불량과 불면증으로 죽을 만큼 힘든 시간을 보내었고 우리 부부는 힘들고 괴로워서 밤잠을 못 이루고 뜬눈으로 밤을 새우며 지냈습니다. 그러나 극복해야 할 현실의 벽 앞에 선 나는 우선 변호사로 시장님 담당 변호사인 '야라슬라 미하일로비치'를 선임해서 가처분을 못 하도록 조치를 하고 정식 재판을 청구했습니다. 러시아에서 재판은 오래 걸립니다. 비용을 두 배로 지급하고 급행으로 신청했는데 6개월 만에 1심에서 지고 2심도 급행으로 했는데 하바롭스크에서 져서 다시 항소를 하였습니다. 선교 사역을 접어야 하는 게 아닌가 하는 마지막 고비에서 낙심하고 절망할 때마다 아버지께서 저를 제사장으로 삼으시고 세계를 품은 선교사로 세우셨는데 내가 낙심할 수 없고 여기서 무너지면 아버지를 욕보이는 일이라 생각하며 다시 한번 몸과 마음을 추스르고 일어났습니다.

아버지께서 분명히 은혜교회 홍정길 목사님과 연결하셨다면 이 재판은 반드시 이길 수 있다는 확신을 얻어 케메로보에서 열리는 세 번째 최종심을 앞두고 변호사와 통역과 나, 세 사람이 케메로보로 가기 위해 비행기 표를 구입하였습니다. 잠시 기도 중에 하나님이 지키시고 변호사가 다 알아서 하는데 내가 간다고 해도 달라질 것이 아무것도 없다는 생각이 들어서 변호사에게 항공권과 출장비를 지급하면서 선교사 파송하는 심정으로 보내 놓고 간절히 철야기도를 하고 있었습니다. 그러나 재판 날이 지났는데도 연락이 오지 않아 직원을 시켜 케메로보 법원으로 전화를 했으나 답을 할 수 없다고 하고 매일 변호사 집을 찾아가도 아무런 연락이 없다고 했습니다. 4일째 되는 날 변호사 집으로 직접 찾아가서 문을 두드렸습니다. 그가 나오면서 잠시 기다리라고 해서 차에서 기다리고 있는데 변호사가 천천히 걸어 나오며 만면에 미소를 짓고 하는 말이 당신이 기도하고 보내 놓고 무슨 걱정을 그렇게 하느냐, 당신의 기도가 이겼다, 당신의 하나님이 이겼다면서 최종심 판결문을 주는 것이었습니다.

나는 나도 모르게 변호사 앞에 무릎을 꿇고 하나님께 감사하고 변호사님께 감사한다는 말을 수없이 되풀이하였습니다. 역시 하나님은 전문인 선교사인 저에게 이처럼 놀라운 기적을 보여 주셨습니다. 판결문에는 최종심에서 이긴 이유를 우리가 가압류로 가처분된 것을 알지 못했고 법원에 100% 건물 대금을 납부한 것으로 승소했다고 적고 있었습니다.

드디어 오늘 당장 등기하러 가면 된다고 웃으면서 이야기할 수 있게 되었습니다. 할렐루야!

할렐루야! 오, 하나님 감사합니다! 눈물과 콧물을 흘리며 울면서 감사기도를 했습니다. 그러나 나는 솥뚜껑 보고 놀란 가슴 자라 보고도 놀란다고 등기를 하는 1주일 동안 내내 불안해서 변호사만 따라다녔습니다. 마침내 모든 서류 정리와 등기를 마치고 등기 서류를 남서울은혜교회로 보내자 그동안 저에 대한 여러 안 좋은 소문은 눈 녹듯 사라지는 것 같았습니다. 그리고 아내와 손을 잡고 한참을 울었습니다. 그동안 나를 비방한 그들을 미워할 수도 있지만 오히려 그들을 위해 기도하게 되었습니다.

등기가 완료된 서류를 들고 라겔(뵈테레프)에 가서 거기에 있는 모든 직원들에게 라겔을 비워 줄 것을 요청했습니다. 그러나 행사를 진행하고 있던 그들은 여러 핑계를 대며 안 나가려 하기에 마지막 퇴거 시간을 공지하고 그때까지 안 비워 주면 경찰을 부르겠다고 했습니다. 물론 여기에 들어가는 비용은 은혜교회에서 부담했으나 그동안 저 개인이 여기에 지불한 금액은 상상할 수 없는 많은 액수로, 이런 큰 비용이 들어간 것과 감당할 수 없을 정도로 힘들었던 일들은 직접 경험해 보지 않으면 누구도 쉽게 이해할 수 없을 것입니다. 그러나 우리 하나님은 아실 것입니다.

건물을 구입하고 학교 법인을 설립해 줄 것을 요청하셨는데 한 번도 해 보지 않은 일이라 학교 법인에 누구를 법인 구성원으로 할 것인가에서부터 큰 숙제였습니다. 홍정길 목사님이 부탁하신 일이라 특별히 기도하면서 진행하였는데 외국인이 학교 법인을 만들기 위해서는 반드시 러시아 국민 6명과 외국 국적 6명이 있어야 했습니다. 러시아 국적 6인은 당시 우리 회사의 믿을 수 있는 직원과 제가 아는 고려인으로 하고 한국인은 남서울은혜교회의 홍정길 목사님 외 5인으로 해서 대학 법인을 신규로 설립하기로 하고 법무부 직원들을 수없이 찾아다니며 기도하고 부탁해서 마침내 대학 법인을 설립하게 되었습니다. 예술 대학을 하려고 시작한 일은 러시아 법률상 우리 시설로는 도저히 어려운 상황이라 결국 국제학교로 시작하는 것으로 하였는데 유치원부터 초등학교를 개교식 전날까지 허가받지 못하고 개교식 당일에 연해주 교육위원장이 직접 허가장을 들고 와서 개교를 하는 기적도 경험하였습니다. 그렇게 우여곡절을 겪은 끝에 러시아 연해주에서는 처음으로 스쿠로부 투모르(성경을 교재로 교육을 하고 기도로 시작해서 기도로 마감하는) 특수 교육을 하게 되었습니다.

러시아의 미래이며 꿈인 러시아 어린이들에게 희망과 꿈과 이상을 심기 위해서 복음을 전해야 하는 러시아에서 어린아이들에게 성경으로 교육하는 국제학교는 15년이 지난 현재 유년·

초등·중등 과정 모두 150명이 수학하고 있습니다. 하나님의 말씀과 주 예수 그리스도의 사랑과 홍정길 목사님의 세계를 품으신 그리스도의 사랑 전함의 결실을 맺고 있습니다. 한 영혼을 천하보다 귀중하게 여기시고 손수 실천으로 본을 보이시는 목사님의 모습을 보면서 늘 도전받게 하심에 옷깃을 여미게 하시고, 그 무한한 사랑으로 고려인들과 러시아 어린이들의 눈을 열어 주신 주님께 진심을 드려 감사합니다. 한 사람의 평신도가 변화되면 목사님들도 할 수 없는 수많은 일들을 할 수 있듯이 전문인 선교사 한 사람을 통해서 수없이 많은 선교사와 선생님들이 동역할 수 있는 장이 열린다는 것을 알게 되었습니다.

▲ 국제학교 개교 당시 받은 감사패

연합 선교의 힘든 점

　지금은 블라디보스토크의 국제학교가 자리를 잡고 좋은 영향력을 행사하고 있지만 여기까지 오는 데는 수많은 은혜교회 성도들의 기도와 헌금 등 물심양면의 도움이 컸고 여러 선교사님들과 보이지 않는 곳에서 기도하고 수고하신 분들도 많았습니다. 학교를 설립하고 여기까지 오면서 러시아 문화를 알고 러시아인을 알아야 일을 진행할 수 있기에 어려웠는데 처음으로 러시아에 오신 분들은 언어도 문화도 모르는 상태에서 일을 시행하느라 시행착오도 많이 겪습니다.

　특별히 행정 서류 처리에 관해서는 먼저 담당자와의 긴밀한 관계 유지가 우선입니다. 그래서 선교사님들이나 사업을 하려는 분들은 언어를 먼저 익히고 현지의 문화를 알아야 합니다. 나이가 많다든지 직위가 높다는 이유로 또는 장로라는 이유 등으로 서둘러 와서 문화와 언어도 이해 못하면서 함부로 자기 마음대로 한다면 연합 사역은 불가능하다고 생각합니다.

한국 라면 회사 러시아 진출

　한국 라면 회사가 러시아에 진출해서 출장 온 분들이 우리 회사를 찾아와 현지법인의 문제점과 해결 방법에 대해서 자문을 구하기에 저는 별생각 없이 러시아 사람들의 입맛이 우리와 같은지 어떤 맛을 좋아하는지 먼저 테스트를 해 보라고 권유를 했어요. 대학 교정에서 점심시간에 맞추어 컵라면에 수프를 각각 달리해서 그 맛을 러시아 사람들의 입맛에 맞춘다면 바람직할 것이라고 했더니 그 후에 시식회를 한 후 러시아에 진출해서 현재는 '도시락'이란 이름으로 1억 4천만 러시아인이 즐기는 기호식품의 전설이 되어 시장 점유율 1위를 달리고 있습니다.

　어느 나라에 가든지 먼저 그 나라 국민들이 무엇을 원하는지 어떤 맛을 좋아하는지 자세히 살펴보면 그 틈이 보인다고 생각합니다. 예를 들면 마요네즈만 하더라도 러시아인들은 보르쉬(우리 해장국 종류)에도 마요네즈를 듬뿍 넣어서 먹고 주식으로 빵을 먹는 국민이라 초콜릿을 듬뿍 바른 초코파이를 좋아하지요. 커피를 즐기는 민족인데 크림까지 들어간 커피나 일회용 커피 믹스도 대박이 났지요. 어느 나라 어느 민족이든지 하나님께서 주신 지혜의 눈으로 보면 보게 해 주시는 것을 경험을 통해서 알 수 있었습니다.

KT 한국통신 연해주 진출(HKT)

시장의 경제고문을 하고 있던 어느 날 한국통신 직원들이 하바롭스크에 통신 회사로 진출하다 나쁜 사람들에게 사기를 당하고 블라디보스토크를 경유하여 서울로 가려고 왔다가 저를 찾아왔어요. 할 수만 있다면 연해주에 통신 허가를 받아서 핸드폰 사업을 하겠다고 하였습니다. 주지사와 시장님께 협조를 부탁해서 당시 KT 회장님께 연결해 러시아 연해주에 핸드폰 회사를 최초로 설립한 후 약 10년 동안 황금 알을 낳는 사업으로 키워 성공했습니다.

이 시기에 홍정길 목사님께서 성악가와 동행으로 오셔서 대한민국 성악가를 러시아 무대에 세울 수 있는 방법을 찾으셨습니다. KT에서 후원을 하면 한국과 러시아에 멋진 문화 공연이 될 것이라고 확신해 바리톤 우주호, 테너 이동형, 최승언과 러시아 소프라노 등과 성공적인 협연을 연결하였습니다. 이후부터는 한국과 러시아의 문화 사역을 하는 고위경 선교사가 본격적인 문화 사역을 할 수 있는 길을 마련하게 되어서 손니치문화센터를 통해 지금까지 문화 사역이 진행되고 있으며 이는 자비량 전문인 선교사만이 할 수 있는 사역이라 생각합니다.

사랑의교회 남성찬양대 문화 사역

한번은 사랑의교회 남성합창단이 와서 공연을 하게 되었습니다. 우렁찬 목소리의 남성 120명이 아리아에 목말라하던 러시아인들의 마음을 완전히 사로잡은 블라디보스토크의 공연에서 대성황을 이루었습니다. 그 후에 다른 도시로 순회하다가 공연단을 태운 버스가 고장이 나서 수리할 동안 합창단이 내려 근처 바닷가에서 즉석 공연을 했습니다. 그때가 여름이라 300여 명이 넘는 사람들이 수영과 일광욕을 즐기고 있었는데 남성합창단의 노래를 들은 사람들이 모여 관람을 했고 합창단은 러시아 사람들이 아는 노래를 불러 함께 노래를 하도록 유도를 했습니다. 짧은 시간이지만 공연이 끝나자 러시아 사람들은 다가와서 너희들은 누구며 어느 나라에서 왔느냐고 물었습니다.

어디서든지 기회만 주어지면 우리들에게 주신 달란트를 이용해서 하나님의 이름을 영화롭게 하며 그 이름을 높여 드려야 합니다. 주님의 이름을 높여 드리니 자연스럽게 한국이라는 나라도 좋은 나라라는 인상을 현지인들에게 인식시키게 되었습니다. 이러한 일들은 후에 한국에서 예술가들이 방문해 연주회나 발표회 그리고 전시회를 할 때 많은 도움이 되었습니다.

택시 강도에게서 탈출

어느 눈 오는 월요일 아침, 너무 많은 눈이 와 운전기사도 안 나와서 도시락을 들고 제설 작업이 안 된 6km의 도로 한가운데로 걸어서 9시가 되어 겨우 출근했습니다. 직원들은 모두 안 나와 있었고 12시가 되니 일부 직원들이 나와서 눈을 치웠습니다. 나는 특별히 할 일이 없어 택시를 타고 시내에 있는 가구 전시장에 수금을 하러 가기로 하였습니다. 가구 전시장에는 가구, 화장품, 핸드폰, 요금 징수 창구까지 겸해서 많은 손님들이 길게 줄을 서서 요금을 내는데 러시아 전화 요금은 선금을 먼저 내고 쓰는 방식으로 특히 월요일엔 손님이 더 많았습니다.

하루 결제 금액이 원화로 1천만 원에서 2천만 원 정도 되는 곳이 3곳인데 3번째로 수금을 하고 나서 바로 앞에 서 있던 SUV 사륜 택시를 타고 운전사에게 톰스카이로 가자고 했는데 엉뚱한 방향으로 가는 겁니다. 그래서 나는 손으로 가리키며 큰소리로 말했으나 운전사는 들은 척도 안 하고 마구 눈길을 달리는 겁니다. 다급해진 나는 순간 기도하면서 정신을 차리고 지금 타고 있는 차종의 문짝이 운전석에서 잠금이 있는 것과 안쪽 문 손잡이와 바깥쪽 문 손잡이를 동시에 잡으면 문이 열리는 것을 생각해 냈습니다. 갑자기 구토하는 시늉을 하며 차창을 내리고 눈길에 서행을 하는 순간 돈가방을 창 밖으로 내던지고 안팎의 손잡이를 동시에 잡아 문을 열었습니다. 동시에 달리는 차에서 뛰어내려 가방을 주워서는 죽을 힘을 다해서 달리는데 차를 세운 강도가 나를 따라오는 겁니다. 한참 달리다 눈앞의 작은 구멍가게로 뛰어들어서 문을 잠그고 살려 달라고 소리치니 가게 안에 있던 손님들과 점원이 나를 보호해 주고 우리 직원에게 연락해서 강도로부터 구사일생으로 살아난 기억은 지금 생각해도 아찔하고 소름이 돋습니다.

위조된 국제운전면허

선교 초기 어느 날 아침 출근을 하려고 차고(스티양카)로 가서 차를 몰고 길에 나오자마자 경찰 차량이 나타나더니 운전면허를 보자고 하는 겁니다. 인사를 하고 면허증을 제시했더니 잠시 후 다른 경찰과 무슨 말을 주고받고는 한마디 설명도 없이 나를 옆자리에 앉으라고 하며 제 차를 몰고 어디론가 가는 겁니다. 왜 이러는가를 아무리 물어도 설명도 없이 경찰서 유치장에 들어가라고 하는 겁니다. 안 들어가고 영사관으로 연락을 해 달라고 해도 무조건 강제로 밀어 넣고 밖에서 철창을 잠그고 4시간 동안 아무리 소리를 질러도 아무 연락도 없고 누구도 오지 않는 겁니다.

한국 직원 3명이 내가 집을 나와서 가는 길에 내 차로 출근을 하는데 내가 오지 않으니 회사에 연락을 하지 않고 그냥 집으로 들어갔습니다. 회사에서는 11시가 되어도 출근을 하지 않아 그제야 경찰서를 가 보니 나를 연행한 형사는 퇴근을 하고 내가 유치장에 있는 걸 아무도 모르고 있던 겁니다.

우리 직원이 겨우 추적하여 연행된 이유를 알아보니 당시 한국에서는 국제운전면허에 철인을 찍어야 하는데 스탬프로 도장을 찍다 보니 그 도장이 밀려서 조잡하게 만든 가짜 운전면허로 오인을 받은 것입니다. 그 때문에 1월 초 가장 추운 영하 30도 날씨에 이유도 모르고 장장 4시간을 유치장 안에서 분을 삭이며 추위에 떨어야 했습니다. 내가 왜 러시아 말도 모르면서 여기 선교사로 와서 이렇게 억울한 고통을 당하고 있는가 하나님을 원망하며 자탄도 했지만 결국 가짜 운전면허가 아니라고 확인되어 유치장을 나왔으니 참으로 억울한 경험도 하게 되었습니다.

▲ 북한 운전면허증

건설 회사 설립

러시아에는 한 나라에 여러 민족이, 아니 여러 나라에 우리 한민족이 각기 살고 있다는 걸 1년 정도를 지나면서 알게 되었습니다. 한국 사람은 확실한데 러시아 고려인, 중국에서 온 조선족, 중앙아시아에서 온 고려인, 북한에서 온 북한 사람 그리고 대한민국에서 온 한국인 이렇게 5곳에서 와서 각기 다른 문화를 가지고 더불어 살아가고 있었습니다.

특히 북한에서 건설 근로자로 오신 분들에게 복음을 전해야 한다는 사명으로 늘 빚진 자의 심정으로 기도하며 지혜를 구하였습니다. 그분들에게 일자리를 제공해 주면서 복음도 전하고 사업도 확장해야겠다는 생각으로 우리가 지금 하고 있는 주방 가구 분야와도 어느 정도 연관 있는 건설 사업도 해야겠다는 생각을 하게 되었습니다.

그래서 건설업 허가를 받고 중국 조선족과 북한 근로자, 러시아인과 연합으로 북한 근로자들에게 일자리를 제공하되 가급적이면 우리가 제공해 주는 집에서 숙식을 하도록 하였으며 근로자들도 자유롭게 이용할 수 있도록 여러 사람을 한 집에 있게 하지 않고 분리하여 거주하게 했습니다.

당시 러시아는 창고 문화여서 쇼윈도가 있는 멋진 상점을 못 구하여도 한국, 일본 등에서 많은 일거리를 수주할 수 있었습니다. 부근에서 근로자들을 많이 고용할 수 있어서 전도폭발할 기회가 수시로 이루어지게 되었고 이런 방법이 창의적이고 문화적인 방법이고 북한을 이해하는 데 큰 도움이 되어 그 후 북한의 나진·선봉에 진출하게 되었습니다.

손니치문화센터 그리고 사랑의교회

저는 블라디보스토크에서 사업을 하면서도 늘 다락방 모임을 했습니다. 현지 주재원들을 상대로도 다락방 성경 공부를 했지만 중국 조선족과도 함께 다락방을 했습니다. 전문인 선교사는 사업에 관련된 영역 모든 것도 잘 해내야 하기에 쉽지가 않았습니다. 사업을 위해 영업도 해야 하고 영업 관리와 다양한 일들 가운데서도 영적인 일을 같이 해야 하기에 삶으로 본이 되어야 했습니다. 저의 사업 현장에서 저를 바라보는 많은 사람들은 제가 정직하고 다른 사람들을 존중하며 열심히 일하는 것을 보았기에 제가 복음을 전하거나 다락방을 통해 성경 공부를 권유하면 흔쾌히 받아들였습니다. 자비량 선교사들이 가진 장점입니다.

한번은 저의 다락방 사역이 교회에 알려지게 되어 사랑의교회 남성찬양대 120명이 블라디보스토크, 나호드카, 우수리스크 등에서 공연하게 되었습니다. 남성들의 넘치는 놀라운 기백의

찬양이 페레스트로이카 이후에 배급 예술에 목말라 있던 러시아인들에게 신선한 충격을 주었고 그 공연이 사랑의교회 내에 회자되었습니다. 오정현 목사님은 제가 출장차 한국에 가게 되었을 때 앞으로 우리 교회는 세계 여러 나라 오대양 육대주에 센터를 개척하고 제자훈련을 진행할 예정인데 블라디보스토크에 장소를 마련하면 좋겠다고 말씀하시며 적당한 장소를 알아보고 연락해 달라고 해서 장소를 알아보기 시작했습니다.

이전에 국제학교를 만들 때를 기억하고 그때의 경험으로 조심스럽게 접근했습니다.

하나님께 좋은 장소를 예비하여 주시고 또 그 일이 순조롭게 진행되기를 매일 아침 간절히 기도했습니다. 그러던 중 노동연맹 위원장님과 식사 자리에서 부탁을 드렸더니 극동 지역에서 박스 공장 중 제일 큰 공장(카르통 캄비네트)을 가진 생산 회사의 휴양소가 매물로 나온다는 소식을 알려 주셨습니다.

우신 변호사를 통해 사실 여부를 알아보고 서류상 하자 여부를 확인해 보니 매매할 수 없도록 압류가 되어 있고 휴양소를 마피아가 재임대를 하고 있어서 문제는 있으나 모두 해결 가능하다는 그곳 대표의 확답을 들었습니다. 최종적인 검토가 끝난 뒤 유승관 목사께 보고를 드렸고 오 목사님으로부터 매입 지시를 받아 구입할 수 있도록 압류를 푼 다음 바로 박스 회사 회장님을 만나 가격 협상에 들어갔습니다. 좋은 만남을 이어 가면서 최종적으로 115만 불로 확정해서 교회에 보고를 하고 교회에서는 유승관 목사와 김희원 장로가 블라디보스토크로 와서 본 계약에 참석했습니다. 하지만 계약금을 미처 준비하지 못하고 와서 때마침 우리 회사가 건물 판 돈으로 대납 요청을 하여 10% 계약금 11만 5천 불을 지불하고 계약을 체결하였고 자세한 내용은 서울 출장 시 보고드리기로 했습니다. 마침 회사의 필요한 물품을 준비하고 손님이 요구하는 제품을 찾으려 한국에 출장을 갈 일이 있었습니다.

먼저 교회에 가서 자세한 내용을 보고드리고 회사 일을 처리하고 있는데 블라디보스토크의 회사에서 통역이 전화를 했습니다. 교회에서 매입한 라겔에 임대 들어 있던 러시아 마피아가 저를 찾고 있고 찾으면 죽이겠다는 협박을 한다는 것이었습니다. 동시에 박스 회사 회장에게도 협박을 해서 회장도 해약을 하자고 하며 지금 피신 중이니 당분간 러시아에 오지 말라고 했습니다.

전 급히 전화를 끊었습니다. 혹시 도청되고 있을지도 모른다는 생각이 불현듯 들었기 때문입니다. 하지만 그런 협박에도 마음은 평안했습니다. 러시아로 언제 돌아가는 것이 좋은지를 기도하다가 회사에 연락하지 않고 아무도 모르게 입국했기에 공항에 도착 후 급히 택시를 타고 집으로 갔습니다. 제가 집으로 돌아온 걸 안 마피아는 저의 집 밖에서 늘 대기를 하면서 저를 감시했습니다. 전 기사에게 다른 번호로 된 전화기를 가져다 달라고 요청하고 도청이 안 되는 전화로 직원과 전화를 하면서 사태의 추이를 지켜보고 있었습니다.

마피아는 그 휴양소를 자기들이 빼앗으려고 준비했던 것을 외국인이 구매했다는 사실에 분노하면서 당장 우리 회사도 우리 가족도 못 들어오게 한다고 하였습니다. 우리 회사 직원을 죽이겠다고도 해서 직원도 회사를 그만두겠다고 해 정말 보통 일이 아니었습니다. 국제학교 일 때처럼 여기저기서 저를 비난하고 비웃는 소리들이 저의 귀에 들렸습니다. 같은 선교사끼리도 말 한마디 도움이나 용기를 주지는 못할망정 험담하고 비방하고 다녔지만 조금도 흔들림 없이 기도하고 일을 진행해 나갔습니다. 왜냐하면 이건 내 개인의 일이 아니고 주께서 주관하시고 쓰시겠다는 사업이라 누구도 막을 수 없다는 신념을 가지고 지금까지 단 한 번도 실망시키신 적이 없는 아버지께서 이번 일도 분명 바르고 선한 길을 형통한 방법으로 인도하시리라고 확신했기 때문입니다.

우리 회사 직원들부터 설득하여 아침에는 9시에 집에서 나오고 저녁에는 4시에 들어가는 등 신변을 극히 조심하면서 하루하루를 보내던 중 현대호텔에 직원과 함께 갔는데 호텔 로비에서 아주 반가운 얼굴을 만났습니다. 블라디보스토크 시의 부시장을 하시다가 지금은 모스크바에서 당 대표 비서 겸 기획 책임자로 있는 전 부시장을 오랜만에 만난 겁니다. 그래서 반갑게 인사를 하고 차를 마시면서 지금 내가 처한 상황을 자세하게 설명했더니 자신이 모스크바 조직 본부에 지인들이 있으니 좀 기다려 달라고 하면서 당신은 예수 믿는 사람이라 분명 길이 있을 것이니 기도하라고 하면서 헤어졌습니다. 그런 일이 있고 5일 후 연락이 오기를 페트라코프(마피아 보스)와 협조가 잘되어서 그쪽에서 연락이 올 테니 그분들이 들인 비용만 지불하면 협의될 것이라 하였습니다. 다음 날 연락이 오길 10만 불을 가지고 구멍가게(마가진)로 나 혼자 아침 7시까지 나오라는 겁니다. 돈을 준비해서 마가진 앞으로 가니 말끔하게 차린 여러 명의 마피아가 저의 몸을 수색한 다음 안으로 들여보냈고 기다리고 있던 체격이 왜소한 백인 마피아가 준비한 돈을 내놓으라고 해서 내어주었습니다. 그가 모스크바의 보스를 아느냐고 물어서 얼버무리고 있으니 이제 가도 된다고 하여 벌벌 떨리는 몸으로 차를 몰고 공장으로 오면서 뒷주머니에 2만 불 두 다발의 돈을 주지 않을 걸 깨달았습니다. 급히 중앙선을 넘어 달려가니 이미 그들은 온데간데없어서 모스크바에 연락을 해서 이런 사실을 알렸습니다. 3주일 후 연락이 오기를 그것으로 모든 일이 다 해결되었다고 해서 바로 박스 회사를 찾아가서 박스 회사 회장에게 자초지종을 이야기하였습니다. 박스 회사 회장은 아직 자신은 연락을 못 받았으니 연락이 올 때까지 기다리라고 했습니다. 마피아에게 직원이 전화를 했더니 오후에 전화를 받았습니다. 잔금을 은행에 입금하고 등기상 이름을 NGO 법인의 이름 블라디보스토크 친구들(두루지아 블라디보스토크)로 하라고 하여 등기를 잘 마치게 되었습니다.

선교사의 목숨을 담보한 지옥 같은 손니치문화센터 건물 구입 사건이 우여곡절 끝에 등기를 마치고 난 후였습니다. 대학에서 한국어 선생으로 사역하시던 어느 장로님께서 자신에게 보고도 교회의 결의도 없이 월권을 했다고 그동안 내가 한 일에 대해 옥한흠 목사님과 장로님들에게 편지를 보낸 겁니다. 교회에도 질서가 있는데 일개 교회 하사관이 장교를 거치지 않고 사령관에게 직접 보고를 했다는 겁니다. 이 일로 교회 내 장로들 사이에 오해가 발생한 문제를 해결하기 위해 선교 담당 전욱 목사님을 보내었고 저와 장로 사이의 오해를 풀기 위해 호텔 커피숍에서 만나 저의 보고 없이 한 일을 정중히 사과하였습니다. 그 후 서로의 오해가 어느 정도 풀렸으나, 사실은 우리 회사 돈으로 계약을 먼저 체결하고 이후에 알려 드리려 했으나 마피아로 인하여 시기를 놓친 관계로 이런 오해가 생긴 것이었습니다. 그러나 이런 안 좋은 소문이 교회 내에 퍼지는 바람에 감수성이 예민한 우리 아들 딸도 이 사건으로 교회 안에서 도저히 견디지 못하여 다른 교회로 옮기게 되었습니다.

이런 우여곡절을 겪은 끝에 리모델링 공사를 하기로 하였습니다. 근로자는 북한 근로자로 하되 우리 교회 순장 전도 전문가들이 북한 근로자들을 섬기면서 권사님들 중 시간이 되시는 분들이 와서 밥을 지어 주고 이분들과 함께 북한 영혼 구원의 전초기지로 삼으라는 옥한흠 목사님의 말씀대로 하려고 했습니다. 그러나 선교부 중심의 공사가 안 되고 총무부에서 전적으로 인테리어 회사에 맡기는 바람에 공사는 빠르게 진행되었습니다.

북한 사람과 중국 조선족 30~50명 정도로 매일 작업을 하되 아침마다 강당에 모여 안전교육을 한다는 명분으로 전도폭발을 하였습니다. 고국에 두고 온 가족들을 위해서 매일 함께 기도를 할 때면 눈물을 뚝뚝 흘리고 나름대로 전도해서 상당히 많은 북한 사람과 중국 조선족을 구원하게 되었습니다.

개고기 사건

　공사가 마감되어 갈 때 북한 근로자가 단고기 준비를 했다고 해서 어디서 고기를 준비했냐고 물었더니 자신들이 구입했다고 하며 좀 드시라고 하여 한 그릇 잘 먹고 왔습니다. 그런 다음 날 TV 방송을 보던 중 북조선 사람들이 동네에서 가족처럼 좋아하고 가까이하던 개를 잡아먹었다고 보도하는 것을 보았습니다. 알고 보니 우리 센터 공사 현장에 들어온 개를 북한 근로자들이 애완견인지 모르고 큰 개니 잡아먹은 거예요.

　개 주인이 운동시키려고 잠시 끈을 풀어놓았을 때 우리 북한 근로자들이 그만 잡아먹은 사건은 러시아 사람들에게는 도저히 용납할 수 없는 일로 그 개의 주인 가족들이 울고불고하여 해결 방법이 막막하였습니다. 그들을 고용하여 일을 시키는 나에게까지 책임을 물어 형사처벌을 하겠다고 막무가내라 금식하며 기도하던 중 개의 나이가 9살이나 된 늙은 개인 것을 알게 되었습니다.

경찰서장을 찾아가서 개 주인을 만나 합의할 수 있도록 도와달라고 간곡히 부탁을 하여 그분들이 원하는 종류의 애완견을 2,000불에 구입해 주고 또 정신적인 보상도 해 주었습니다. 우리 센터 담장 구멍을 모두 막고 다시는 개를 잡아먹지 않는다는 자술서를 모든 북한 근로자들이 쓴 다음에야 추방될 위기에서 벗어나게 되어 이 사건도 일단락되었습니다.

북한과 전혀 다른 러시아 문화를 모르고 남의 애완견을 잡아먹은 사건은 두고두고 기억에 남은 교훈이었지만 개장국 한 그릇 먹은 죄로 회개하고 금식기도를 한 것도 내 생전 처음이었습니다.

북한 김정일의 러시아 입국에서 출국까지

　북한 김정일이 러시아를 방문한다는 소식이 방송에 나왔으나 언제 오고 언제 가는지는 잘 모르고 있었습니다. 그런데 우리 회사에서 사용하는 모토로라 무전기 한 대를 운전기사에게도 지급하여 사용하고 있었는데 그것의 주파수를 변경하여 자신만이 사용하는 것을 우연히 알게 되었습니다.

　차 안의 무전기에서 한국말이 나오는 것을 듣고 있기에 이상해서 가만히 몰래 들어 보니 북한 말이 나오는 겁니다. 그래서 기사에게 나 알고 있으니 무선기를 가시고 오라고 해서 사세히 살펴보니 주파수를 변경하여 북한 호위부(경호실)를 몰래 감청해서 러시아 정보기관에 보고한다는 사실을 알게 되었습니다.

　한국 총영사에게 알렸더니 그때부터 김정일의 입국에서 출국까지 누구를 만나고 또 무슨 일을 하고 있는지 등 모든 동선을 파악하게 되었고 우리 운전기사도 정보기관에서 나의 정보를 얻기 위해서 우리 회사에 위장 취업한 사실을 알게 되었습니다.
　그러나 한국말도 잘하고 심성이 착한 사람이라 그 후로도 우리 회사에서 오랫동안 직원으로 근무했습니다.

손니치문화센터 법인 대표 사임

앞에서 말씀드린 대로 문화센터 법인은 소련이 붕괴되고 러시아의 시장경제를 자본주의 방식으로 변경해 가는 과정에서, 국가가 약해지면 가장 큰 피해는 부녀자와 아이들이 입는다는 것을 현장에서 보고 뼈저리게 느끼며 너무나 안타까운 마음으로, 어른들로부터 버림받은 어린이들을 구원할 수 있는 방법을 기도하던 중 설립하게 된 NGO 법인입니다. 주께서 쓰시도록 하기 위해서는 당연히 담임 목사님께 넘겨드려야 한다고 생각하고 사랑의교회 성도들의 헌금으로 구입한 건물과, 엄청난 비용과 정성을 들인 현지법인을 앞으로의 사역을 위해서 한 마디 말도 하지 않고 넘겨드리게 되었습니다.

오정현 목사님의 비전인 제자훈련 세계화와 우리 교회 비전인 공산권 선교를 위해서 블라디보스토크 문화센터가 저 중국과 러시아, 중앙아시아 그리고 북한 등의 제자훈련 전진기지로 사용되기를 기도했습니다. 우리 교회 학생들의 여름성경학교를 러시아 교회 학생들과 연합으로 한다면 문화 충격을 이기고 전도의 길이 열릴 것이라고 생각하시는 오정현 목사님의 선교철학과 예수님 사랑하시는 목사님의 마음이 담긴 것을 알고 있는 저는 당연히 법인을 넘겨드려야 한다고 생각했습니다.

북한 나진·선봉 경제특구

성게 알을 일본으로 수출하기 위해서 나진·선봉 지역을 다니게 되었는데 블라디보스토크에서 나진을 가려면 중국 훈춘으로 건너갔다가 다시 나진으로 가든지 아니면 러시아 핫산을 통해서 기차로 이동해야만 했습니다. 중국 국경을 가기 위해 핫산 지역으로 자주 오가다 보니 자루비노 항구도시에 사람들이 너무 많은 것을 보게 되었는데 알아보니 우리나라 속초에서 블라디보스토크를 왕래하는 사람들이 아주 많다는 것이었습니다. 더 자세하게 알아보니 많은 사람들이 자루비노에서 내려 러시아 국경을 통과하고 다시 중국 국경을 통과해야 하는 복잡한 절차를 겪고 있었습니다.

추운 겨울에 자루비노 항이 얼어 있을 때 속초에서 배가 출항할 수 없는 문제를 해결하는 방안을 기도하며 지혜를 주시기를 강구했습니다. 어느 날 나진을 방문했을 때 대외협력위원회를 찾아가서 경제특구인 나진항에 중국 배가 입항한다면 연간 5천만 불의 수입이 될 것이라고 건의를 했습니다. 현재 자루비노 항에 입항 중인 배가 주 4회를 오가는데 겨울철엔 항구가 얼어서 취항이 불가능하고 나진항은 부동항이니 이 배들을 나진항으로 취항하게 한다면 엄청난 수입이 예상된다고 하였습니다. 제 말을 들은 협력위원장은 "그렇게 되면 무척 좋은데 그게 어느 세월에 배가 들어오겠는가?" 하며 별로 탐탁지 않게 말하는 것이었습니다. 그래서 한국 속초에서 자루비노까지 두 개의 해운 회사가 일주일에 두 편씩 총 4편이 왕래한다 했더니 협력위원장은 한국 사람들이 배에서 내려 북한 땅을 통과하는 문제를 걱정해서 제가 대안을 이야기해 주었습니다.

"배가 입항하면 배에서 내린 사람들이 이동할 수 없도록 부두 주위에 철조망을 치고 한국에서 버스 50대 정도 들여와서 나진에서 중국 훈춘 가는 버스로 직통 운행하면 문제가 없다"고 했습니다.

이동 중 북한 지역을 잠시라도 보는 것이 싫다면 버스 유리창을 다 가리면 된다고 했습니다.

중국 조선족 200만 명이 한국에서 일하는데 중국을 오고 갈 때 비행기를 이용하면 비용도 많이 들고 물건도 1인당 20kg 이상 가져갈 수 없는 등 어려운 점이 많았습니다. 불편하지만 배를 이용하여 배에서 하룻밤 자고 나면 나진항에 도착하고 물건도 200kg까지 가져갈 수 있어서 이 모든 문제를 해결할 수 있다고 말해 주었습니다. 그리고 나진항에 식당이나 화장실도 만들어 이용할 수 있도록 도와주고 또 기념품 가게나 특산품 상점도 만들어 면세점으로 운영하면 큰 매출을 올릴 수 있을 거라고 아이디어를 주었습니다.

그랬더니 인민위원장과 총비서까지 만나게 해 주겠다는 약속을 했습니다. 저도 만남을 대비해서 여러 가지 자료들을 미리 준비했습니다. 속초, 자루비노를 오가는 선박은 '동춘항운'과 스웨덴 회사인 '스테나'라는 두 회사가 운항을 하고 있었는데 그중 스테나 회사의 동북아 책임자인 허만철 사장을 만나게 되었습니다. 마침 책임자인 허만철 사장은 사랑의교회 집사로 자연스럽게 미팅을 할 수 있어서 사무실을 방문해서 여러 가지 이야기를 하였습니다. 그러다가 알게 된 사실은 스테나 회사가 1년에 2천만 달러를 손해 보면서 속초-자루비노 노선을 운항한 이유는 장래성이 있는 노선이라 투자를 하고 있는 것이라며 꼭 성사되도록 부탁을 받았고 스웨덴 본사 회장님으로부터 100% 위임을 받았습니다.

스테나가 운항하던 배는 컨테이너 200개와 사람 1,200명을 태울 수 있는 큰 배라 배가 움직이면 엄청난 비용이 발생하고 나진항에서는 이 모든 걸 수입으로 잡을 수 있었습니다. 더군다나 스테나는 스웨덴 소속 회사이므로 나진항을 취항하는 데 아무런 문제가 없었고 책 한 권 분량의 자료를 만들어서 대외 협력위원장이 주선하여 준 인민위원장과 20여 명의 비서들을 함께 만났습니다. 원래 함께 만날 거라고 생각한 당 비서는 안 나오고 시 당 비서(나진 시장)와 2시간 동안 자세하게 브리핑을 했습니다. 나진항을 개방하게 되면 북한이 엄청난 수입을 올릴 수 있다는 설명과 그러기에 한 발 더 나아가서 경제특구로 운영 하면 송이버섯과 송이소주 같은 특산품을 함께 팔 수 있어 또한 엄청난 수입이 발생할 거라고 말했습니다. 이 말을 들은 인민 위원장은 자기 혼자 결정할 문제가 아니라며 당에 보고를 하겠 다고 답을 주었습니다. 그날 밤 저를 환영한다고 20명이 함께 만찬을 했는데 비용은 물론 내가 지불했습니다.

두 달이 지난 후 북한 영사관을 통해서 나진에 오라는 연락을 받았습니다. 그래서 이번에는 자료를 모두 컬러로 만들고 동영 상도 준비해서 가게 되었습니다. 가서 보니 합영투자위원장이 평양에서 직접 와 있었습니다. 그리고 저를 묘향 무역초대소 2층 특실에 머물게 하면서 수시로 만나 회의를 하고 토론을 거쳐 나진을 개방하기로 했습니다. 두 달 후 계약서를 작성하 기로 하고 다시 만나서 모든 서류에 사인을 했습니다.

그런데 갑자기 한국에서 세월호 사건이 발생하면서 정부에 서는 꼭 같은 배를 전수 조사해 보니 스테나가 운행하던 배가 세월호를 제작한 일본 회사에서 만든 같은 배였습니다. 배를 정밀하게 조사해 본 결과 세월호와 같은 문제가 발생하여 스 웨덴 본사에서는 그 배를 동남아시아에 팔고 자루비노 노선을 정리해 버렸습니다. 한국과 북한, 중국, 러시아 모든 나라가 이익을 볼 수 있는 좋은 일이 어렵게 시작은 했으나 뜻을 이루지 못해 아직도 아쉬움이 남아 있습니다. 한편으로 생각하면 이 모든 일에는 하나님의 큰 뜻이 있을 것이라는 믿음으로 상황에 순종하고 그 일을 정리했습니다.

중국 정부가 동해로 나오려는 이유

　중국 총리가 러시아 옐친과 공동 의향서(MOU)를 체결해서 중국은 훈춘에 고속 열차를 만들고, 훈춘까지 운하를 만들되 비용은 중국이 책임지고 중국·러시아가 공동으로 사용할 수 있게 하여 내륙의 물동량을 동해로 내보내려고 했습니다. 그러나 러시아의 일방적인 계약 파기로 중국은 바다로 나가는 길이 막히게 되었습니다. 그때에서야 서둘러 나진항을 임차하려 북한과 협의해 보니 이미 나진 3번 항을 러시아에 30년 임대를 준 상황이었고 그래서 중국은 하는 수 없이 나진 2번 항을 5년 임대하게 되었습니다. 중국은 동북 삼성에서 컨테이너 한 개가 대련항 등으로 가는 시간과 비용을 계산하면 엄청난 이익이 됩니다. 그뿐만 아니라 중국 청나라 당시 선물로 준 연해주(해삼위) 블라디보스토크를 언제인가 다시 찾기 위해서, 또 군사력을 위해서도 훈춘시까지 고속 열차를 개통하는 등 수단과 방법을 가리지 않고 반드시 동해로 나오려고 하는 겁니다.

북한의 식량문제 해결 방법

　북한을 계속 오고 가면서 가슴 아프게 생각했던 것 중 가장 큰 문제는 식량 부족이었습니다.
　나진시에서는 러시아에서 밀가루와 옥수수 등을 구입해서 북한으로 보내 주기를 요청했습니다.

　저는 회사 직원과 함께 구할 수 있는 밀가루와 양식 등을 구입해서 나호드카 항으로 가져가서 북한으로 보냈습니다. 중간에서 구입·운송 역할만 했을 뿐 어떤 보상을 받지도 않았고 요구한 적도 없었습니다. 식당 운송 작업을 마치자 북한 민족경제협력위원회(민경련)에서 연락이 왔습니다.
　경제실천연합회(경실련) 회장이 화훼위원회 위원장과 친분 관계가 있다 보니 저를 소개해 주어서 연락이 왔던 것입니다. 북한 경제실천연합회에서 러시아 블라디보스토크에 지사를 설립하는 데 민간인 차원의 일이나 도와달라고 해서 적극적으로 도와주겠다고 했습니다. 북한 경실련에서는 4명의 직원을 파견

했고 그들이 일할 사무실과 거주할 집, 자동차 등 초기 정착에 필요한 모든 것을 도와주었습니다.

북한 경실련 블라디보스토크 지부에서 저를 고문으로 임명해 주었습니다. 저는 고문 자격으로 한국 회사들과 연결시켜 주면서 무언가 그들을 도와주려 했습니다. 2년 정도 그들을 도와주다 보니 북한이 경제적으로 대단히 어렵다는 것을 알게 되었습니다. 특히 식량문제를 도와주고 싶었습니다. 그러다 아무르 지역으로 출장을 가게 되었는데 그 광활한 토지를 보게 되었습니다. 블라디보스토크로 돌아온 후 인터넷으로 동북아에서 제일 비옥한 땅이 어디인지를 검색해 보니 중국 헤이롱장성(흑룡강성)이었습니다. 중국 영토에서는 헤이롱장이고 러시아에서는 아무르라고 불릴 뿐 같은 땅이었습니다. 아무르는 땅의 표피가 60cm 이상 깊어 동북아에서 가장 비옥한 땅입니다. 단지 중간에 강이 있어 국경을 대신하고 있을 뿐이었습니다.

회사에 돌아온 후 러시아 직원들을 통해서 아무르 주지사가 누구인지 알아보았는데 감사하게도 연해주 부지사로 있던 분이 아무르 주지사로 근무하고 있었습니다. 전화 연락을 해서 만날 약속을 하고 방문해서 대화를 하며 땅을 임대할 수 있는지를 알아보았더니 임대 가능하다는 연락을 받았습니다. 다시 현장 답사를 하고 사진을 찍고 자료를 만들어 김정일에게 편지를 썼고 그 편지를 화훼위원회와 총영사관 그리고 경실련 등 전달할 수 있는 모든 곳에 전달을 하고 기다렸지만 어떤 연락도 오지 않았습니다.

하는 수 없이 다시 총영사를 만나 식사하며 물어보았습니다. 개인적인 이익을 위해서도 아니고 조국을 위해서 하는 일인데 총영사에게 도와달라고 부탁을 했더니 자기가 연락을 해 보지만 기대는 하지 말라고 했습니다. 얼마 지나자 총영사가 직접 평양을 가라고 이야기를 전달해 주었고 비자를 받고 자료를 준비해서 평양으로 갔습니다. 도착하니 저를 안내해서 초대소로 데리고 갔습니다. 아주 초호화 초대소였고 나이가 든 분이 와서 대화를 했는데 자신은 신분도 밝히지 않고 제 이야기만 들었습니다.

저는 제가 준비한 모든 것을 이야기했고 이렇게 식량문제를 해결할 수 있는 좋은 조건을 장군님께 보고하고 싶어 1년을 철저하게 준비했다고 전했습니다. 그리고 제 말이 사실인지 아닌지는 모스크바 북한 대사관을 통해서 확인을 하든지 아니면 나호드카 영사관을 통해서 확인해 보시라고 말했습니다. 그분은 잘 들었으니 좀 쉬시면서 구경도 하시고 있고 싶은 때까지 있으라고 하고 돌아갔습니다. 그런데 그 당시에는 비행기가 일주일에 한 번밖에 없어서 무조건 일주일을 있어야만 했습니다. 그다음 날부터 그들은 저를 데리고 묘향산부터 시작해서 많은 곳을 관광시켜 주면서 일주일을 함께했습니다. 물론 이번에는 공짜라고 했음에도 돈은 다 내가 냈습니다. 일주일 후 블라디보스토크로 돌아온 후 총영사가 급하게 만나자고 연락이 와서 만났더니 장군님의 알아보라는 지시가 모스크바 대사관을 통해서 내려왔다고 했습니다. 그러면서 나호드카 총영사는 나에게 동행해 줄 것을 요청했지만 전 이제는 당신들 조국의 일이니 회의를 잘 해서 아무르 주지사를 만나면 좋겠다고 말했습니다.

그들이 아무르 주지사를 만나고 몇 달 후 김정일이 블라디보스토크 주와 아무르 주를 방문한 후 러시아와 북한 간에 계약이 체결되어 100헥타르의 면적을 1헥타르 당 연 2달러씩에 20년간 임대 계약을 했습니다. 북한 농림성 시장인 송상익 씨가 법인 대표로 와서 600명의 노동자와 함께 시작을 했습니다. 그렇게 넓은 땅은 사람이 농사지어야 할 면적이 아니고 트랙터가 있어야 하는 농장이었습니다. 첫해에 감자를 심었는데 북한 사람들이 시베리아 날씨를 파악 못 해서 수확한 감자가 얼어 고생을 많이 했습니다. 그래서 그 다음 해부터는 추운 지방에서 농사하기에 제일 적합한 작물인 콩과 메밀 두 작물을 경작하기로 했고 트랙터를 사서 농사를 짓기 시작했습니다. 그리고 농사가 끝나고 농한기가 되면 600명 노동자들은 전부 건설 현장의 노동자로 엄청난 수익을 올리기 시작했습니다. 콩 농사를 할 때도 러시아 토종 콩으로 종자를 바꾸고 나서 더 많은 수확량을 기록하자 미국 영사가 아무르 지역 농장으로 가서 수확량 전량을 미국으로 수출하는 계약도 맺었습니다. 그리고 얼마

지나지 않아 김정일이 사망하고 그 이후 해외동포위원회에서 연락이 왔는데 양복을 입고 있으라고 하였고 잠시 후 해외동포위원회 관계자들이 와서 감사패를 전달해 주었습니다. 조국의 식량문제를 해결하는 데 큰 도움을 주었다는 감사의 표시여서 그 후 제가 북한을 들어가서 사역하는 데 큰 도움이 되었습니다.

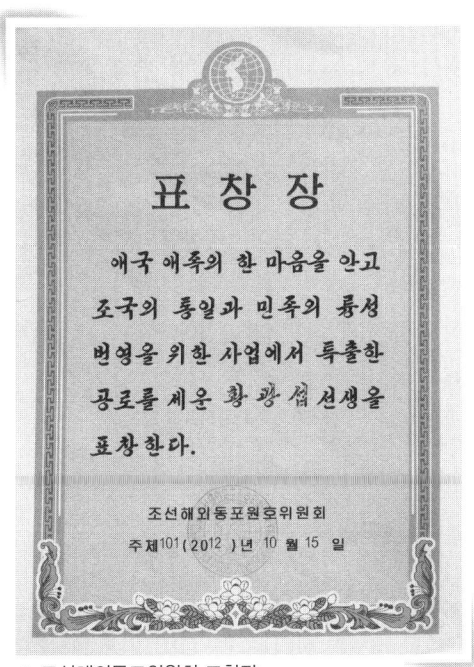

▲ 조선해외동포위원회 표창장

평양과학기술대학교 수익 사업 대표 시장

나진·선봉시 황진기업과 성게 알을 가공해서 일본으로 수출하는 사업이 성공적으로 진행되면서 러시아 사업도 안정되어 가난한 사람들과 고아원을 도우면서 섬기던 어느 날 평양과학기술대학교 김진경 총장이 블라디보스토크로 왔습니다. 나는 극동대학 총장과 관련된 분들을 만나 교제하게 해 드렸고 학교에 돈이 없다고 하여서 상당한 헌금도 했습니다. 총장께서 평양과학기술대학교 준공식에 나를 초청하여서 참석하고 행사 후에 학교를 둘러보니 집기가 거의 없었습니다. 준공식을 축하하기 위해 여러 나라의 총장들을 비롯하여 오정현 목사님 등 많은 분들이 오셨지만 저의 눈에는 학교를 개설하게 되면 집기가 없어서 문제가 심각하겠다는 상황만 보였습니다. 당시 10일간 머물면서 평양 시내를 돌아다니며 쓸 만한 집기를 공급할 수 있는 공장이나 가구점들을 찾아봤지만 북한 자체 내에서는 해결할 수가 없었습니다. 결국 중국에서 전부 수입해야 하는데 그러면 세금부터 운송비까지를 포함하여 감당할 수 없을 정도로 그 비용이 늘어날 것이었습니다. 그래서 돌아오는 길에 의논하며 좋은 방법을 찾아보자고 했습니다.

나는 새로운 어떤 사업이나 사역이 내 앞에 놓이게 되면 아내와 함께 기도하여 하나님의 음성을 듣고 결정합니다. 우리가 늘 기도하며 마지막 선교지로서 소망하던 북한으로 가는 문제는 대단히 중요한 문제로서 아내와 의논하지 않을 수 없었습니다. 그래서 마침 평양과학기술대학교 문제가 나왔을 때였습니다. "여보, 우리 공장을 평양으로 이전하여 북한 사람들에게 가구를 만들게 하면 좋은 가격으로 학교와 평양 시민들에게 공급할 수 있을 것 같은데 서로 기도하여 하나님의 지혜를 구합시다" 했습니다. 우리 부부가 함께 기도하는데 하나님께서 저

▲ 평양과학기술대학교 멤버쉽 증명서

에게 하라는 사인을 주셨습니다. 인건비도 안 들어가고 전기·수도 요금도 안 드니 싸게 만들어서 학교에 공급할 수 있을 것 같았습니다.

블라디보스토크로 돌아와 계속 기도하는 시간이 두 달을 지났을 무렵, 공장장급 직원 한 명이 술을 먹고 안 나오고 또 다른 고려인 공장 직원이 갑자기 사망하여 회사가 어려운 지경에 놓이게 되었습니다. 그 즈음에 블라디보스토크에서 에이펙(APEC : 아시아 태평양 경제협력기구) 총회가 4년 후 열리는 것이 확정되어 블라디보스토크의 토지 재정비 사업이 시작되었습니다. 시내 가장 높은 곳 전망대(후니굴이)에 있는 저의 건물이 새로운 다리가 놓이는 길목에 있어 철거 대상이었습니다. 시청 직원들은 아파트 한 채 줄 테니 빨리 건물을 비워 달라고 했습니다만 저는 동의할 수 없다고 하며 건물을 비워 주지 않았습니다.

제가 그 건물을 구입하고 나서 그 건물에서 영업하던 카지노를 내보낼 때 엄청난 비용을 보상해 주었고 또 리모델링 하면서도 많은 돈을 투자한 건물이기 때문에 도저히 비워 줄 수 없었습니다.

건물을 계속 사용하니 경찰이 와서 여러 가지로 고소도 하며 못 견디도록 괴롭히고 또 우리 통역이 협박을 당하는 갖은 어려움을 견딜 수 없어 저는 재판을 신청했습니다.

그런데 재판이란 것이 판사가 간편하게 나라에서 하는 일이니 수긍하라고 하는 것으로 끝이 났습니다.

그래서 1심에서 패소했지만 연방 법원에 항소를 했습니다. 내가 항소를 하자 시에서는 저의 건물 주위를 포클레인으로 파고 2m가 넘는 나무 판자로 건물 전체를 막아 놓았습니다. 그 당시 카페를 하던 세입자가 손해배상을 청구하여 문제가 더 복잡하게 되었습니다. 그러나 하나님께서 은혜를 베푸셔서 연방 법원에서 승소를 했습니다. 승소를 하자 연방에서 파견된 건설단장이 50만 불에 합의를 보자는 제의가 들어왔습니다. 그러나 나는 비용이 너무 많이 들어간 건물이니 150만 불을 보상하라고 양보를 하지 않자 상대방이 새로운 제안을 했습니다. 다리 세우는 데 필요한 대형 크레인 350m, 8대가 필요한데 러시아에는 없으니 한국에서 장비를 가지고 와서 공사를 하고 거기서 마진을 챙겨 보충하라는 절충안이 들어왔습니다. 그때 같이 일하던 한국인 직원이 공사를 하면 평생 먹고 살 돈이 생길 테니 꼭 했으면 좋겠다고 나를 설득하였습니다.

그러나 나의 마음속에는 불안함이 있었습니다. 매일 경찰들이 회사와 집 앞에서 나를 감시하고 보이지 않게 불안감을 조성하고 있어서 잠도 제대로 못 자고 지냈습니다. 그리고 기도 가운데

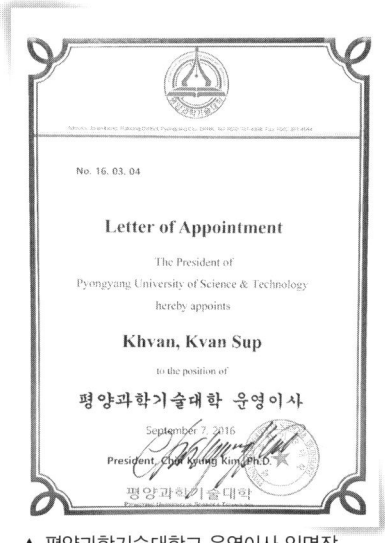

▲ 평양과학기술대학교 운영이사 임명장

이 일에 엮이면 죽을 것 같다는 생각도 들었고 큰돈을 미끼로 사탄이 나를 유혹하고 있다는 생각도 들었습니다. 그러면서 정리하고 북한으로 가라는 사인처럼 느껴지기도 하였습니다.

더군다나 광케이블 공사까지 준다고 하기에 한국에 연락하니 수많은 업자들이 연결되어 많은 사람들이 출장을 왔습니다. 그러던 중 내일 최종 담판을 짓자는 연방에서 파견 나온 건설단장의 전화 통지가 왔습니다. 그 당시의 나는 너무 심한 스트레스로 화장실도 못 가고 잠도 못 자고 하루하루가 지옥이었습니다. 약속 당일 차를 타고 가면서도 계속 기도를 했습니다. 현장 사무실에 도착해 보니 수십 명의 다양한 경찰들이 나를 기다리고 있었습니다. 들어가니 어떻게 할 것인지 말해 보라고 하기에 들어간 원금만 달라고 했습니다. 당신도 알다시피 내가 재판에서 승소할 때도 원금만 달라고 해서 승소한 것 아니냐고 대답했습니다. 100만 달러를 한국 통장에 입금하면 나와서 결정하라고 하면서 종이 한 장을 내밀며 사인을 하라고 했으나 나는 사인 못 한다, 한국에서 은행 융자를 빌려서 건물을 구입했기 때문에 한국은행으로 입금이 되면 바로 사인하겠다고 하며 한국은행 계좌가 있는 서류를 제출하였습니다. 하나님께서 보시고 마음에 들면 분명 입금될 것을 믿으면서 밖에 나오니 돈을 좀 적게 받더라도 타워크레인 공급을 포기하면 안 되며 이런 기회는 일생에 한 번밖에 없다며 사정을 할 때 마음에 갈등이 많이 있었습니다. 그러나 마음이 편한 곳으로 결정을 내리기로 하고 들어왔는데 반신반의했습니다. 정말 돈을 한국에 입금시켜 줄 것인가에 대한 확신이 없었는데 그다음 날 정확하게 100만 달러가 한국은행에 입금이 되었습니다. 그래서 저는 샴페인과 초콜릿을 사 가지고 가서 사인을 하며 고맙다는 인사를 하고 하나님께서 북한으로 가라는 응답으로 확신하고 평양과학기술대학교로 갈 준비를 하게 됩니다.

회사로 돌아온 후 직원들을 다 모으고 내일부터 주문 온 것 외엔 생산을 중단하고 이 모든 것들을 북한으로 보낼 것이다, 대신 직원 모두에게는 나가는 날까지 모든 급여와 퇴직금을 지급하겠다고 약속을 하고 각 직원마다 계약서를 쓰게 했습니다. 총 6개의 컨테이너 중 장비를 2컨테이너에, 자재를 4컨테이너에 실으면서 아주 구체적으로 품목들을 적었습니다. 혹시나 실수해서 빠지는 것이 없나를 확인해 가며 컨테이너 작업을 마친 후에 직원이 직접 모스크바에 서류를 가지고 가서 세관 본부에서 일일이 북한 수출 허가를 받아 왔습니다.

그 후 날씨 때문에 악산의 문세가 있었지만 열차에 싣고 우수리스크를 통해서 핫산 역까지 가는 일정이 한 달 정도 걸렸습니다. 도착한 핫산 역에서 컨테이너를 흔들리지 않게 보조하고 있던 원목에 대한 검사를 안 받았다고 해서 옆에 있는 크라스키노에 가서 허가를 받아 핫산 역에 도착하고 서류를 제출했는데 그 사이에 국가 관세법이 또 바뀌어 자동으로 된 장비는 북한으로 수출할 수 없다고 했습니다. 가지고 못 가는 기계를 러시아에 두고 가는 것도 모스크바에서 허락을 받아야 한다고 핫산 세관장이 말했습니다. 모스크바에 다녀오려면 아무리 빨라도 3~4주라는 시간이 걸리는데 더 큰 문제는 컨테이너를 열차에 실은 채로 역 선로에 세워 두면 선로를 막는다는 이유로 컨테이너 한 대당 1일 1,000불이니 6대면 6,000불의 벌금을 물게 된 것입니다. 여러 가지 계산 끝에 자동 기계 1컨테이너를 두고 가는 것으로 결론을 내렸지만 이것 역시 모스크바에서 허락을 받아 오지 않으면 절대로 반출할 수 없다고 하여서 일단 블라디보스토크로 돌아왔습니다. 세상이 온통 먹빛으로 깜깜하게 보이더군요. 비포장도로를 포함 4시간 가까이 오면서 하나님께 울부짖었습니다. 아버지, 이럴 수가 있나요. 공식적으로 허가를 받은 물품인데 이런 시련은 분명 사탄의 방해입니다. 이길 수 있도록 주님 도와주소서. 러시아에 처음 들어올 때도 기적을 보이신 주님, 이번에도 아버지께 영광되는 일이 분명 있을 줄 확신합니다. 만약 그리하지 아니하실지라도 낙심하지 않게 하옵소서. 아멘을 연발하면서 나 자신이 먼저 낙심하지 않아야 우리 아내도 잘될 거라는 생각을 할 수 있다(야쇼스마구)고 되뇌었습니다. 그 밤을 비몽사몽으로 보내고 다음 날 아침 8시에 블라디보스토크 극동세관장을 만나기로 해서 아침 일찍 사무실로 갔습니다. 극동세관장은 평소에 잘 아는 사이였습니다.

기적, 우연이라 하기엔

  밤사이 한잠도 못 자고 극동세관장을 만나자마자 자초지종을 다 말하고 모스크바에 가야 한다고 말하였습니다. 극동세관장이 말하길 어제부터 인터넷 전자 결제가 시행되는데 지금 모스크바의 업무 시간 안이니 한번 알아본다고 하면서 모스크바에 전자 결제를 보냈는데 약 30분 후 바로 사인이 되어 나왔어요. 서류를 받은 세관장도 놀라고 모든 사람들도 놀라서 아무 말도 못 했고 극동세관장 자신도 못 믿어서 모스크바에 전화를 해 보니 정말 전자 결제를 해 주었다고 확인을 받았습니다.

  그제야 우리는 하나님이 하신 일이라는 확신이 들었고 바로 나와서 핫산 세관장에게 전화를 했습니다. 전화를 받은 핫산 세관장은 저에게 서류를 위조하면 당장 영창에 가니 빨리 모스크바에 가서 사인을 받아 오라고 했으나 오늘 우리가 가니 당신은 자리를 지키고 있으라고 전화를 하고 갔습니다.

  핫산 세관장은 이해를 못 하고 어떻게 이걸 해결했느냐고 물어보길래 높으신 분들이 도와줘서 쉽게 해결했다고 하니 그 말에 내가 대통령도 움직일 만한 높은 분들과 친한 것으로 듣고 자기를 살려 달라고 하면서 자기의 억울함을 호소했습니다. 원래 하바롭스크 극동세관장이었는데 뇌물 받은 혐의로 시골로 발령이 났다고 하면서 자기는 정말 결백하고 뇌물은 윗사람들에게 다 바쳤다고 억울한 이야기를 이어 갔습니다. 그러면서 부디 자기의 억울함을 풀어 주고 원상 회복해서 자기 자리로 돌아가게 해 달라고 했습니다. 그 말을 들은 저는 알겠다, 기회가 되면 꼭 너의 이야기를 해 주겠다고 했습니다. 그러자 세관장은 열차를 바로 북한으로 보내라고 지시를 했는데 다리 너머에 있는 북한 두만강역에 전기가 없어서 넘어가도 북한 열차로 옮길 크레인에 전기 공급이 안 되어 작업을 할 수 없다고 했습니다. 하나의 방법은 러시아에서 북한 두만강역으로 전기를 보내 주어야 하는데 이 일은 러시아 전기공사 소속이라 세관장이 도와줄 수 없다고 했습니다. 급하게 전기공사를 찾아가서 담당자를 만나 부탁을 하니 뒷돈을 요구하여 적지 않은 금액을 주고 두만강역으로 갔습니다.

컨테이너가 두만강역으로 넘어간 것을 확인하고 핫산에서 블라디보스토크로 돌아오는 길이 얼마나 아름다운지 하나님을 찬양하며 돌아왔습니다.

잃어버린 컨테이너

　두만강역에서 기다리는 휘닉스 북한 측 직원이 컨테이너를 받아서 보관했다가 한 달 넘어 두만강역에서 평양 서포역에 도착했습니다. 컨테이너가 평양에 도착하기 전에 평양에 가서 기다리고 있는데 도착했다고 해서 가 보니 컨테이너 4개만 도착하고 한 개는 어디 있는지 2주가 지나도 오지 않았습니다. 함께 일하며 도와주던 북한 직원과 함께 평양역 역장을 만나러 갔습니다. 외국인은 사전 허가 없이는 역장을 면담할 수 없다고 제지하는 직원들을 뿌리치고 역장실에 들어가서 러시아 여권과 블라디보스토크 시장 경제고문 증을 내보였습니다. 아직 도착하지 않은 컨테이너에 어떤 물건이 실려 있는지 아느냐고 질문하면서 조국에 도움이 되는 물건들인데 찾아내지 못하면 장군님께 바로 보고하겠다고 큰소리치고 나왔습니다.

　그리고 3일 후 컨테이너가 도착했다고 연락이 왔습니다. 컨테이너를 자세히 살펴보니 독일제 자물쇠를 쇠톱으로 자르려고 했던 흔적들이 보였습니다. 하나님께서 주시는 지혜로 무사히 찾아서 모든 컨테이너를 옮겨 가구 공장 준비를 하게 되었습니다.

학교가 개교하기 1년 전부터 들어가서 준비를 하게 되고 나름대로 자유롭게 다닌 것은 러시아 국민인 저는 여권에 정식 비자를 받고 들어갈 수 있었기 때문입니다. 외교 관계가 없는 미국·한국·일본 등에서 오시는 분들은 별지 종이 비자로 들어오므로 처음부터 그들과 좀 다른 대접을 받았습니다.

학교가 개교하기 전에 들어가서 학교에 숙소가 없어 평양 중심 해방산에 거주하며 매일 시간이 나면 평양 시내를 안내 없이 자유로이 돌아다니곤 했습니다. 어느 휴일에는 아침부터 저녁까지 종일 시내 구석구석을 다니면서 외국인은 절대로 갈 수 없는 뒷골목도 가 보고 북한의 실상을 자세히 알게 되면서부터 이들을 도와주어야 되겠다는 생각을 더 하게 되었습니다.

개교를 한 후 학교 기숙사에 들어오고 난 후부터는 다른 외국인과 차이가 없이 제한된 생활을 하게 되어서 나름 불편함도 많았으나 그래도 다른 분들과는 달리 특권을 누린다고 생각도 하였습니다. 차근차근 준비하되 차후 수익을 올려서 이분들이 시장경제로 나아갈 수 있도록 하려고 노력했습니다.

평양의 추운 날씨에도 학교 내 낡은 건물에 금이 간 벽돌을

헐고 없는 전기도 끌어오는 등 어려운 일들을 해결해 가며 준비를 하였습니다. 학교로부터 손재주가 있는 남자 직원 5명, 여자 직원 1명을 공식적으로 직원으로 받아서 가구 공장을 시작했으나 가구를 본 적도 없고 알지도 못하는 이들에게 만들라고 할 수도 없는 노릇이었습니다. 저 또한 경영을 했지 가구 기술은 전무한 상태에 15년 이상 보고 들은 것밖에 없어서 한국에

▲ 북한의 가구 공장

▲ 가구 공장의 북한 근로자

나와서 가구 도면 만드는 방법 등을 연구해서 역시 경험이 전무한 이들과 수없는 시행착오를 하면서도 극복하지 못하였습니다. 결국 러시아 공장에서 일했던 전 공장장을 2개월 계약해서 데리고 와 기술을 가르치고 가구를 직접 생산하였습니다. 부족하거나 없는 자재는 열차를 타고 단동으로 가서 심양에서 구입해 트럭 컨테이너에 실어 와서 학교가 원하는 가구를 만들어 공급하게 되면서 안정된 평양 생활로 적응해 가기 시작했습니다.

1년 지나고 쓰러지고 말다

　나는 북한 사람들을 어느 정도 문화적으로 잘 알고 있다고 생각하고 적응하려고 노력하며 매일매일 학교에서 필요한 가구들을 무료로 공급하는데 저의 생각과는 전혀 다른 일들이 일어나기 시작했습니다. 아침에 직원들이 출근하면 오늘 할 일과 어떤 방법으로 학교가 원하는 가구를 불량품 없이 제때에 만들어 줄 것인지 전달하는데 직원들은 내가 원하는 일과 전혀 다른 일을 하였습니다. 내가 북한 측 총장을 수시로 찾아가서 이야기를 하고 부탁도 해도 책임자가 시키는 일을 하고 나와는 상의도 없이 헝싱 다른 일부터 하므로 모서히 참을 수가 없을 정모도 힘들게 시간을 보내고 있었습니다. 어느 날 아침 학생들 30명이 새로이 들어왔는데 책상이 없다고 교육부총장이 나에게 여러 번 부탁을 해서 지시를 하고 본부 사무실에 잠시 다녀왔습니다. 생산을 확인하기 위해 공장에 가 보니 문은 잠겨 있고 직원은 한 사람도 안 보여서 (보위부원) 경비원에게 다들 어디 갔냐고 물으니 모두 다 땅 파는 일을 하러 가서 없다고 했습니다.

너무 화가 나고 실망한 탓인지 갑자기 온몸에 힘이 빠지고 현기증이 나서 좀 누워야겠다는 생각으로 기숙사 4층으로 올라가서 방문을 열기 위해서 열쇠를 자물통 구멍에 아무리 넣어 봐도 안 되는 겁니다. 정신을 차리고 다시 시도한 후에 겨우 열어서 방의 침대에 누워서 옆 전화기로 의무실에 전화를 하려고 아무리 일어나려고 애를 써도 몸을 움직일 수 없었습니다. 정신은 분명 있는데도 몸은 움직일 수 없더니 차츰 정신이 몽롱해지면서 이대로 두면 죽겠구나 하는 생각이 들어 죽을힘을 다해서 전화기를 들고 의무실에 알렸더니 한참 후에 의사가 와서 주스와 초콜릿을 먹고서야 힘과 정신이 돌아오는 겁니다.

혈당을 재어 보니 당시 혈당 수치가 56이었다고 하더군요. 만약 조금만 늦었다면 사망에 이를 뻔했다고 했습니다. 참으로 다행스럽게 일주일 후 한국으로 급히 나와 병원으로 가서 세 번이나 혈당 기계를 바꾸어 가며 측정을 해 보니 603이란 수치가 나와 당장 입원시키더군요. 일주일 입원해서 병실에 있으면서도 저의 마음은 저의 건강보다 북한의 죽어 가는 영혼을 걱정하고 있었습니다. 그래서 저는 금방 치료된다는 생각으로 일방적으로 퇴원하여서 약봉지를 들고 평양으로 달려갔습니다.

장애인학교 사역

평양에 있는 장애인기술학교를 방문하게 되었습니다. 사실 저는 그곳을 가기 전에는 북한에는 장애인들이 없는 줄 알고 있었는데 막상 그곳에는 온갖 장애인들이 모여 있었습니다.

미용, 전자, 도장, 기계, 목공 등 다양한 기술을 가르치는 학교로 600여 명의 장애인 중 특별히 여자 농아 장애인 위주로 봉제 기술을 가르치고 있었습니다. 교습장을 살펴보니 오래된 재봉틀 5대 중 3대가 고장 나고 2대를 가지고 200여 명의 청년 학생들이 실습을 하고 있었습니다.

장애인기술학교의 책임사는 사실을 공개하려 하지 않고 감추려 했지만 부원장은 내가 학교에서 가구 생산 공장을 한다는 것을 알기에 적극적으로 나와 의사소통을 하면서 자기들을 도와주기를 간곡히 요청하였습니다.

북한에서는 장애인들에게는 식량을 제공하지 않아서 장애인이 있는 가정은 늘 식량 부족을 겪으며 살고 있다고 했습니다. 그래서 장애인기술학교에 있는 학생들은 영양 결핍으로 모두

몸이 마르고 체구가 작았습니다. 나에게 너무 감추려고만 해서 저는 화장실을 다녀오겠다며 나와서 주변을 돌아보았습니다.

주변을 돌아보고 와서 책임자들과 이야기를 하다 보니 점심시간이 되어서 학생들이 먹는 식당에 가서 같은 음식을 먹자고 했습니다. 옥수수 국수인데 양도 너무 적고 반찬은 아주 짠 짠지뿐이었습니다. 마음이 너무 아파서 눈물이 나는 걸 참으며 이들을 돕는 것이 주님을 사랑하는 것이란 마음이 들었습니다. 이 문제의 해결책을 찾고 또 다른 여러 가지의 일을 처리하기 위해 잠시 한국을 갔습니다. 한국에 도착한 후 러시아에 봉제 공장을 설립할 때 도움을 주었던 주식회사 팬코 최영주 회장님에게 전화를 드려서 만나 뵙고 상의할 일이 있다고 말씀을 드렸습니다. 주식회사 팬코는 일본 의류 브랜드 유니클로 제품으로 매출의 약 80%를 납품하는 중견기업이고 회장님은 장로님이었습니다.

약속한 날 사무실로 찾아간 저는 최 회장님에게 평양에 있는 장애인기술학교에 대해서 말씀드리고 오래된 재봉틀이나 폐기하려고 하는 재봉틀이 있으면 팬코의 도움을 받고 싶다고 했습니다.

회장님은 그 자리에서 바로 중국 칭다오에 있는 공장에 전화를 하셔서 책임자에게 현재 상황을 물어보시고 100대의 오래된 재봉틀의 기증 여부를 확인해 주겠다고 하셨습니다.

그날 미팅을 마치고 나오는데 회장님은 한 달 정도 후 다시 전화를 달라고 했습니다.

한 달 후 회장님은 중국 칭다오에 있는 공장을 베트남으로 옮기는데 그중에 라인 한 곳에 있는 모든 재봉틀을 기증할 수 있다고 하셨습니다. 할렐루야! 중국에서 기증받은 재봉틀이 중국을 나오는 것도, 다시 북한으로 들어가는 것도 너무나 힘들었습니다. 왜냐하면 중고품은 법으로 지원받지 못하도록 되어 있어서 여러 기관에 로비를 하고서야 통관할 수 있었기 때문입니다. 그러나 러시아에서 북한으로 목재 기계를 옮길 때의 경험으로 서류 작업과 관련된 여러 가지 일들을 수월하게 할 수 있었습니다. 물론 하나님께서 확실하게 전문인 선교사의 강점이 나타난 일을 처리하셨습니다.

우여곡절 끝에 봉제 기계는 평양까지 운송이 되었는데 100대 이상 되는 재봉틀을 설치하려니 해결해야 할 문제가 한두 가지가 아니었습니다. 우선 일렬로 재봉틀을 배치하여 업무의 효율성을 높이려 하니 장애인기술학교 3층의 모든 벽을 허물고 전력이 부족한 평양시의 시설을 감안하여 변압기까지 설치해야 했습니다. 책임자는 나에게 당신이 시작한 것이니 모든 비용을 당신이 모두 책임지라고 해서 모든 비용을 내가 지불하기로 했습니다. 그러나 들어가는 비용이 밑 빠진 독에 물 붓는 것처럼 끝이 없었습니다. 하나를 해결하면 그다음 문제가 나타나고 또 그것을 해결하면 다른 문제가 다시 나타나니 오직 기도하며 인내하는 길밖에 없는 시간들이었습니다.

물자가 부족한 북한에서는 100개의 재봉틀 위에 설치할 형광등을 구입해 안전하게 운반해서 120개를 가져오면 그다음 날 몇십 개가 없어지곤 했습니다. 자기 집으로 가져가기도 하고 몰래 훔쳐서 시장에 팔아 그 돈으로 양식을 사기도 했습니다. 아무튼 모든 준비를 마쳤는데도 예상치 못한 문제가 또 발생했습니다.

최신 재봉틀 사용법을 알고 있는 사람이 없었던 것입니다. 중국에서 받은 재봉틀은 단춧구멍을 만드는 기능까지 갖춘 것이었는데 이런 자동 기능을 사용해 보지 못한 북한 사람들이기에 결국 개성 한국 공장에서 일한 경험이 있는 기술자를 고용해서 교육을 시키고 또 재단하는 선생님도 고용해서 함께 교육을 시켰습니다. 다음에는 이들이 실습할 원단이 없어서 여기저기 수소문해서 원단을 구입했고 끝없이 발생하는 비용으로 저는 너무 지쳐서 그만두고 싶었습니다.

그러나 성령님의 위로하심과 격려하심으로 다시 일을 진행했고 중국에 있는 봉제 회사로부터 자투리 원단을 구입하여 원단 재봉 훈련을 하며 하나님이 공평하신 분이란 걸 여기서도 알게 되었습니다. 농아인 그들은 말을 못하는 대신 눈썰미가 있어서 전문 재봉사들보다 빨리 익히고 가르쳐 주지 않은 것도 척척 해내는 것이었습니다.

3개월 후부터 외부에서 주문하는 옷을 잘 만들어 내는 걸 본 중국 기업에서 자신들의 옷을 요청해서 만들어 주되 모든 인건비는 꼭 이곳 평양에서 쌀로 지급해 달라고 했더니 바로 계약이 성사되었습니다. 옷을 불량품 없이 잘 만드는 사람에게는 쌀을 많이 주는 인센티브 방식으로 하기로 하였더니 전기만 있으면 집에도 안 가고 열심히 일해서 월 50kg의 쌀을 가져가는 참으로 말로 표현할 수 없는 놀라운 혁명이 일어난 것입니다. 내가 가끔 공장에 가면 그 말을 못하는 농아 장애인 근로자들이 반가운 나머지 내 곁으로 다가와 툭툭 치며 인사하는 밝은 얼굴을 볼 때마다 천사를 보는 것 같았습니다.

그러나 한편 평양에서 예상치 못한 마음 아픈 일을 알게 되었습니다. 북한에서 장애인들은 새벽 어두울 때 집을 나와서 저녁 어두울 때 들어가야 합니다. 다른 사람들이 장애인들을 보지 못하게 하려는 조치로 거리에서도 대로변은 걸을 수 없고 뒷골목으로만 다녀야 했습니다.

문제는 평양의 전력 사정이 워낙 열악하여 이들은 아예 퇴근도 못 하고 밤새워 작업을 해야 하는 곤란한 일들이 발생했습니다. 그러나 이 문제는 내가 해결할 수 있는 한계를 벗어나 있어서 오로시 기도만 할 뿐이였습니다. 중국에서 주문을 받고 생산을 해서 납품을 하면 돈으로 받지 않고 반드시 평양에서 쌀로 지급해 주도록 계약서에 명시한 이유는 돈으로 받으면 책임자들이 빼먹는 액수가 많아서 장애 학생들과 직원들에게 돌아가는 것이 적어지기 때문입니다.

장애인들은 장애를 가지고 있는 것만큼 다른 기능이나 감각

들이 발달해서 중국에서 주문받은 상품들을 생산할 때는 최고급 제품을 생산 납품했습니다. 중국 회사에서도 만족했고 장애인 기술학교에서는 쌀을 받아 집안에 도움이 되니 서로가 만족하는 일터였습니다. 불량품이 적고 생산성이 우수한 직원들로 인하여 이룬 결과들은 서로에게 자극을 주어 경쟁심을 불러일으켜 생산량 증가와 불량품 최소화로 이어져서 밖으로는 날로 거래처가 늘어나는 결과가 되었습니다.

북한 사역에는 명확한 기준이 있어야 합니다. 사역에 들어가는 비용들을 북한 분들에게 위임하면 투명하게 사용되지 않기에 본인이 확인하고 어디에 사용되는지를 점검하고 확인하는 일이 꼭 필요합니다.

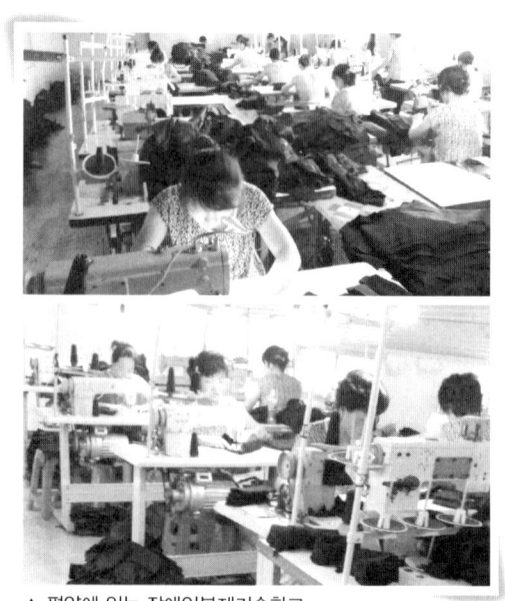

▲ 평양에 있는 장애인봉제기술학교

북한 명사십리 눈물바다

　한번은 평양과학기술대학 교수들이 금강산 여행을 가는 일이 있었습니다. 학교에서 마련해 준 버스를 타고 출발하여 점심은 명사십리해수욕장에서 먹기로 하고 일정을 시작했습니다. 교통체증이 없는 북한의 도로는 교수진 일행을 예정 시간에 맞추어 명사십리해수욕장에 내려 주었고 약간의 산책 시간 후에 각자 만든 도시락과 학교에서 준비해 준 식사를 하기로 했습니다. 일행이 바닷가를 산책하는데 북한의 어린아이들 20여 명 이상이 울면서 교수들을 따라다니며 배고파 죽겠다고 밥 좀 달라고 울부짖었습니다. 이 모습을 본 우리는 밥을 먹을 수가 없었고 우리 도시락을 아이들에게 주려고 하자 동행한 보위부 직원이 그러면 자기가 문책을 당한다고 했습니다. 외국인들과 북한 주민이 함께 밥을 먹거나 교제를 하게 되면 관리 소홀로 감옥까지 갈 수 있다고 어려움을 이야기했습니다. 결국 아이들에게 도시락을 전해 줄 수 있는 방법을 물어보니 음식을 우리가 먼저 먹고 남는 음식을 아이들이 와서 먹으면 문제가 안 된다는 것이었습니다. 교수 일행은 식사를 반도 안 먹고 먹던 도시락을 명사십리공원 벤치에 두고 떠났습니다.

얼마 후 아이들이 따라와서 슬프게 울며 난리가 났습니다. 왜 우느냐고 물어보니 도시락을 군인들이 다 빼앗아 갔다는 것입니다. 오히려 군인들이 그들을 때리려고 했다는 겁니다.
그 말을 들은 우리 모두는 참담한 마음을 가눌 수가 없었고 하는 수 없이 개인들이 가지고 있는 간식들을 다 꺼내서 나누어 주었습니다. 몇몇 교수들은 아이들을 아무도 안 보이게 불러서 북한 돈을 손에 쥐여 주면서 빨리 시장으로 가서 무엇이든 사 먹으라고 했습니다. 아이들을 두고 돌아오는 길에 우리 모두는 서로 아무런 말도 하지 못하고 나는 너무 슬퍼서 울며 기도했습니다.
어서 통일이 되어 이 백성들을 주께서 구원해 주시도록, 통일 이전이라도 이 백성들을 배부르게 먹이고 자유롭게 해 주시도록 기도하였습니다. 금강산 여행을 갔으나 그건 여행이 아니었고 하나님께서 멋지게 설계하신 자연을 보면서도 그 아이들을 나의 손자들과 비교하면서 이처럼 슬픈 마음이 들고 말았습니다.

염소에게 브래지어를

　어느 이른 봄날 함께 지내는 교수님들 몇 분과 등산을 가게 되었습니다. 평양에서 약 1시간 정도 차를 타고 가는데 저희는 각자 집에서 도시락을 준비해서 등산을 시작했습니다. 그리 높은 산이 아니어서 2시간 정도 올라가서 정상에 도달했습니다. 정상을 둘러보다가 군인들이 보였고 염소 울음소리도 들렸습니다. 궁금해서 가까이 가서 보니 어미 염소 몸통을 천으로 감싸 젖을 가려 놓았고 그 뒤를 새끼 염소들이 구슬피 울며 젖을 달라고 엄마 염소를 따라다니고 있었습니다. 그래서 군인들에게 물어보았습니다. 새끼들에게 왜 젖을 못 먹게 젖을 가려 놓았냐고 했더니 군인들이 하는 말이 기가 막혔습니다. 사람 먹을 것도 없는데 짐승 새끼 챙겨 줄 게 어디 있느냐며 짐승은 풀을 뜯어 먹으면 된다고 퉁명스럽게 말했습니다.

　한편에선 어린 군인이 작은 나뭇가지를 모으는 걸 보고 초콜릿을 주면서 나는 러시아 사람이라 하고 러시아 여권을 보여 주며 위대하신 장군님께서 내 땅에 발을 붙이고 눈은 세계를 보라고 하신 말씀대로 조선 학생들에게 세계를 보는 눈을 가지게 하기 위하여 평양에 왔다고 하니 경계를 풀었습니다. 자기도 러시아어를 조금 한다고 이야기를 좀 하자고 하며 아무도 없는 곳으로 가서 이야기를 들어 보니 그는 나이가 이제 겨우 18살이고 황해도에서 군에 들어온 지 1년도 채 되지 않았다고 합니다. 자기 분대원 9명의 식사 당번이라서 땔감을 준비하고, 식수는 1km 되는 골짜기에서 통에 지고 오며, 식량 배급은 벼로 타와서 그 벼를 다시 찧어서 강냉이 쌀을 만들어 밥을 짓는다고 하였습니다.

  산속에서 생활하는 군인들은 모두가 분대별로 밥을 지어서 식생활을 하며 통나무로 땅에다 간이침대를 만들어 각자 사용하고 목욕은 여름에 개천에 가서 한다고 했습니다.
  부모님이 돈이나 식량을 보내 주면 조금 편하게 생활할 수도 있다고 하더군요. 그래서 내가 가지고 간 초콜릿과 북한 돈 2만원을 주면서 세상은 넓고 하나님을 믿으면 분명 희망의 날이 온다고 얘기해 주었습니다. 헤어져 돌아오면서 부모님의 도움이 필요한 어린 학생이 산속에서 짐승처럼 사는 모습이 너무나 안타깝고 애처로워 그들을 위해 희망과 자유를 주옵소서 하고 주님께 기도하였습니다.

나진·청진 구간 차량 고장

　나진에서 청진을 가서 업무를 보고 나니 20cm 이상 내린 눈이 쌓이고 길이 막혀 이틀 동안 호텔에서 지내고 돌아오는 길에 자동차 타이어 펑크가 났습니다. 스페어로 갈아 끼우고 어렵게 눈길을 달려오는데 또 펑크가 나니 도저히 갈 수가 없어서 지나가는 차를 기다렸습니다. 30분 만에 지나는 화물 트럭이 있어 운전사에게 타이어를 수리하여 가져와 달라고 부탁하여 보내고 1시간을 차 안에서 기다려도 오지 않아 춥고 배가 고파 도저히 더 견딜 수가 없었습니다. 안내원이 주위에 민가를 찾아본다며 나에게 꼭 차 안에서 기다리라고 당부를 하고 갔지만 그 후 추위를 더 이상 견딜 수가 없어 안내원이 간 반대 방향으로 30분 정도 눈길을 걸어갔습니다.
　불 켜진 집이 있어 들어가서 러시아 여권을 보여 주며 차량 고장을 설명하고 우선 배가 고프니 먹을 것을 좀 달라고 하였습니다. 주인이 잠시만 기다려 달라고 하며 부엌으로 나가더니 쌀과 조와 감자를 넣은 누런 색 밥을 지어서 주시는데 두 끼를

굵은 밥맛은 정말 꿀맛이었습니다. 반찬은 아주 짠 감자를 주시면서 찬이 변변치 않다고 했습니다. 내가 아주 어린 시절 시골에서 밥 먹던 사기그릇과 같은 밥그릇에 밥과 짠지를 담아 주면서 60대 노부가 저에게 말하기를 러시아 사람을 조국에서 만나서 매우 반갑다고 하였습니다. 얼은 물을 녹여서 식수로 사용한다고 하며 숭늉을 만들어 주시는데 부부의 손을 보니 추위에 얼어서 터져 있는 겁니다. 북한의 농촌 사정이 얼마나 힘든지 저의 눈으로 직접 보며 우리 부모님의 손을 본 듯이 가슴이 저렸습니다. 한참 후에야 안내가 오더니 화를 내면서 민가에 와서 기다리는 것을 상부에서 알면 큰일 난다고 하였습니다. 안내원도 식사를 하고서도 1시간이 더 지나서야 트럭 운전기사가 청진 시내에 가서 타이어를 수리해 와서 새벽이 되어서야 이 나진에 겨우 도착했으나 그 노부부의 모습이 돌아오는 길에 자꾸 눈에 밟혀서 눈물로 앞이 흐렸습니다.

평양 아리랑 축전 초청 연해주 대표

　제가 나진에서 사업을 하면서 나름대로 북한에 도움을 준다고 생각했는지 나진 특구 책임비서가 해외 동포이신 황 사장 선생을 태양절(김일성 생일)에 초청하려 한다고 하면서 러시아 블라디보스토크 영사관에서 초청장이 나가니 꼭 평양에 가셔야 한다고 했습니다. 별 기대를 하지 않았는데 어느 날 조선 영사가 초청장을 가지고 와서 하는 말이 연해주(원동) 대표 자격으로 초청하니 정장을 잘 준비해서 평양을 가시면 공항에서부터 모든 안내를 한다고 하더군요.

　평양공항에 도착하여 귀빈실로 가서 차 대접을 받고 벤츠 승용차로 고려호텔 특실로 안내되어서 보니 전 세계에서 초청된 수많은 인파가 여러 행사에 참석하게 되어 있었습니다. 김일성이 각국에서 받은 선물을 전시한 묘향산 국제친선전람관 등 일주일 동안 무료로 여러 곳을 여행하게 되었습니다. 특히 대외사업부장께서 직접 안내를 하고 밤마다 연회에 초대하며 러시아 사람 중에서 조선말을 이처럼 편하게 하시는 분은 처음이라고 하였습니다. 러시아에 가시면 우리 조국을 잘 좀 알려 달라고 하며 자신의 아들이 러시아어과를 다니니 나중에 꼭 아들의 장래를 부탁한다고 하며 극진하게 대접을 받았습니다. 얼른 저녁잠을 자려고 하는데 안내원이 10분 내로 정장을 하고 나와 달라고 해서 옷을 입고 나왔더니 차량을 타고 20분쯤 가서 아주 높은 분을 만날 예정이니 말을 꼭 조심해서 하라고 당부하였습니다.

어느 건물에 도착하니 여러 사람이 도열해 있고 엘리베이터를 타고 22층에 도착하여 유럽 어느 왕실처럼 만들어진 방을 지나고 나니 화려한 소파에 근엄한 사람이 앉아 있었습니다. 내가 들어가자 천천히 일어나며 나를 맞는 분을 통일선전부 부위원장이라고 소개하였고 그분은 소개를 받은 후에야 황 사장 선생 만나서 매우 반갑다고 하며 세 명의 사람이 배석하였습니다. 그런 중에 러시아에서 조국을 위해 여러 가지로 도와준 공로를 치하하면서 앞으로 조국의 과업을 위해서 열렬한 전투를 해 줄 것을 부탁함과 동시에 연해주(원동) 영사관 직원들과 긴밀한 관계를 가지며 경업 사업 전투에 열심히 임해 줄 것을 요청하였습니다. 또한 러시아 경제 사업에 큰 도움을 준 블라디보스토크 시장 고문관인 선생을 통해서 러시아 기름과 밀가루를 구입하려고 하는데 도와달라고 하며 필요하다면 명예영사로 추대해 줄 테니 자주 조국에 와 달라고 하였습니다.

옆방으로 옮기자고 하여 다른 방으로 들어가니 거기는 18세에서 20세 정도의 여성 접대원들이 술자리를 베푸는데 저는 술을 한 방울도 못한다고 하였습니다. 러시아 사람이 술을 싫어하는 사람은 처음 보았다고 하며 딱 한 잔만 받으라고 너무 권해서 하는 수 없이 잔을 받아 건배만 하고 내려놓으니 자기들끼리 양주를 마시고 노래방 기계를 틀었습니다. 접대원들과 술과 유흥을 즐기며 여러 가지 조선의 정책을 이야기하는 그들 상류 당원들을 보면서 참담하기 그지없고 국민들은 배가 고파 굶어 죽어 가는데 이런 망가져 가는 사회주의 주체사상가들을 보면서 역겨움을 느꼈습니다. 돌아오면서 차 안에서 선교사인 저는 비통하여 오열할 것 같은 마음이 되었고 호텔방에 들어와 이불을 쓰고 왠지 서럽고 억울한 울음이 터졌던 기억이 아직도 악몽으로 떠오릅니다.

북한에서 참고할 일

평양에 도착 후 행사를 마치고 호텔에 투숙하게 되면 혼자 자는 남자들은 어려움에 직면하는 경우가 많습니다. 새벽 2시 경 누군가 방으로 들어옵니다. 대부분은 술을 마시고 방문을 잠그고 깊은 잠이 들어서 의식하지 못하는 중에 방문을 열고 들어오는 여성이 불을 켭니다.

불 켜는 소리와 인기척에 놀란 사람들은 잠에서 깨어 눈을 떠 보면 미모의 여성이 옷을 하나도 입지 않은 채 서 있는 것을 발견합니다. 너무 놀란 나머지 그 여성을 본 남성들이 빨리 방에서 나가라고 소리 지르면 북한 여성은 지금 방 밖으로 나가면 저는 바로 감옥에 간다고 제발 몇 시간만이라도 머물게 해 달라고 애원합니다. 대부분의 남성들은 할 수 없이 여성을 침대에서 자도록 하고 자신은 소파나 바닥에서 잠을 자게 됩니다. 그러나 나체의 여성이 방 안에 함께 있는 장면이 숨겨진 카메라에 사진으로 찍혀서 나중에 한국으로 돌아간 이후 협박의 증거로 쓰이게 됩니다.

 자기들에게 즉 북한을 위해서 협조하지 않으면 이 사진을 인터넷에 유포하겠다고 압력을 가하며 자발적 친북 성향으로 바뀌게끔 합니다. 그래서 북한을 방문할 적에는 반드시 부부 동반으로 가거나 2인 1조가 되어서 방문하시기 바랍니다. 북한은 우리가 생각하는 것보다 더 치밀하고 음흉하고 잔인하게 우리를 무너뜨릴 준비가 항상 되어 있는 무서운 곳입니다. 방문하는 분들은 정말 철저히 준비하지 않으면 돌이킬 수 없는 낭패를 당할 수 있으니 각별히 조심하지 않으면 안 됩니다.

대한민국과 북한의 외교 방법

북한 사람들의 오래된 사회주의 경험과 철두철미한 사상적 준비를 러시아에 있을 때도 경험한 적이 있습니다. 러시아에서 북한 공연이 있으면 재미있지도 않고 유치한데도 주지사나 시장 등이 공연에 꼭 참석합니다. 반면 한국 공연 팀이 와서 공연을 하게 되면 주지사나 시장이 참석하는 경우가 거의 없습니다. 저는 처음에 이런 일이 발생하는 이유가 러시아와 북한의 긴밀한 관계 때문인 것으로 생각했습니다. 그러나 시간이 지나면서 알게 된 것은 준비 과정이 너무나 다르다는 것입니다.

우선 북한 영사관은 공연 일정이 잡히면 주지사 비서와 시장 비서 그리고 고급 간부들과 비서들에게 비서의 이름을 정성스럽게 친필로 쓰고 겉봉투를 금박으로 해서 초청장과 함께 다양한 선물을 보냅니다. 그들이 좋아하고 가지고 싶어 하는 물건들을 기억하고 선물을 보냅니다. 주지사나 시장은 너무 바쁘기 때문에 비서진이 준비한 스케줄대로 움직이곤 합니다. 비서진이 준비한 스케줄이 특별히 나쁘지 않으면 스케줄대로 움직입니다. 그래서 북한 영사관은 비서진들에게 집중해서 홍보하고 그들을 즐겁고도 만족하게 해 줍니다. 지사님이나 비서 등 각각 이름이 정성스럽게 북한 총영사의 친필로 써 있고 겉봉투를 금박 처리를 했으니 자기 자신이 얼마나 존중받고 있는지를 느끼는 것입니다. 반면 한국 영사관은 초청장을 만들어서 비서실에 전달하는 것으로 끝냅니다.

그러니 존중받고 있지 않다고 느끼는 비서관들이 굳이 한국 공연에 주지사나 시장의 스케줄을 넣을 이유가 없는 것입니다. 이렇듯 그 나라의 문화를 아는 것이 선교에서도 꼭 필요합니다.

보위부원으로 인해 생긴 일

학교 내 여러 곳에는 보위부(경비병)가 있어 하루 두 시간씩 교대로 경비를 서는데 우리 공장 정문에는 24시간 경비원들이 지키며 저의 움직임을 모두 감시하여 보고합니다. 18~26세로 정식 군대를 못 간 70명의 보위부 직원들이 추우나 더우나 2시간씩 교대로 근무하는 모습을 보면 참으로 안타깝습니다. 영하 20도에 바람이 불면 칼로 귀를 베는 듯한 고통인데 그 추위에 손과 귀가 동상이 걸린 모습은 불쌍해서 볼 수가 없습니다. 밤 12시경에 뜨거운 차와 함께 빵이나 과일을 가져다주면서 이야기를 걸면 처음엔 차도 안 마시며 빵과 과일도 안 받아 먹더니 6개월 정도 지나니 이제는 오히려 먹을 것을 달라고 할 정도로 친해져서 저의 전공인 전도폭발을 하여 놀라운 기적이 일어났습니다.

하나님의 영이 이들 속으로 들어가니 이제는 더 알고 싶어서 내가 그들 근무시간에 안 나타나면 어디가 아프시나 밥은

드시나 하고 걱정하고 때로는 한국 영화를 메모리 칩에 담아 달라는 등 친밀하게 되고 나니 함께 기도도 하게 되어 기도할 때는 누가 볼까 봐 눈을 가늘게 뜨고 기도를 할 정도였습니다. 그리고 한 달에 한 번 집에 외출 가는 날까지 알려 주는 등 성령님의 역사가 계속해서 일어나 기도실에 들어가서 5시까지 기도 생활을 하기도 하였습니다. 그러던 어느 날 김은혜라고 하는 작년에 고등학교를 졸업하고 들어온 앳된 여성 경비원이 3일째 안 보이길래 다른 동료 보위원에게 물어보니 그 동무가 갑자기 쓰러졌는데 검사를 해 보니 폐결핵 3기라서 6개월 동안 집에서 치료를 받아야 한다고 했습니다. 그래서 은혜네 집을 아는 사람이 있느냐고 물으니 자신이 은혜 집 근처에 살고 있는데 내일 외박 나가서 찾아가 볼 것이라 해서 즉시 사무실에 가서 편지를 쓰고 200불을 봉투에 함께 넣어 봉한 후 그 보위원에게 전달해 달라고 부탁하며 따로 수고비로 30불을 주었습니다.

내가 직접 손으로 쓴 편지에는 "사랑하는 은혜야. 여기 200불을 보낸다. 통일시장에 가면 개 한 마리에 30불이니 3마리를 지속해서 먹으면 폐결핵은 누구든지 다 낫는다고 한다. 사다 먹고 완치된 후에 건강한 몸으로 학교로 돌아오거라. 사랑하는 은혜에게 황광섭 사장이." 이 편지를 보낸 다음 날 갑자기 당 간부가 와서 함께 동행하자고 해서 따라가 사무실에 들어가니 처음 보는 건장한 30대 남자 4명이 입에 담을 수 없는 욕설을 하면서 "당신을 당장 조선민주주의 이름으로 구속한다"라고 말을 하여서 "이유가 뭔지 설명하고 욕을 하든지 감옥에 가든지 할 게 아닌가?" 하며 소리를 쳤더니 그제야 그 어린 조국의 군인에게 몹쓸 짓을 했다고 하는 겁니다.

  도저히 말도 안 되고 근거도 없이 사람을 바보로 만든다고 반격을 했더니 여기 근거가 있다며 책상 서랍에서 내가 은혜에게 보낸 편지를 내어놓으면서 내가 성추행을 했다고 하기에 나는 그만 파안대소로 크게 소리 내어 웃었습니다. 그 편지 내용에 어떤 내용이 있길래 이렇게 함부로 하느냐고 따지니 그제야 사랑한다는 표현이 성추행이 아니고 뭐냐, 그렇지 않으면 왜 달러 돈까지 주느냐고 하였습니다. 편지 내용을 모든 교수들에게 확인시켜 만약 성추행이 아니라고 하면 당장 나에게 사과해야 한다, 내가 조선에 와서 지금까지 조선 사람이 힘들어하는 것을 보고 그냥 넘어간 적이 한 번도 없다고 하자 앞으로는 돈을 주시려면 자기들을 통해서 주어야 한다는 겁니다.
  본 사건은 편지를 전달해 준다고 가지고 간 보위원이 심부름 값 30불은 챙기고 편지는 바로 수사기관에 밀고하여 발생한 사건으로 북한은 서로를 의심하고 감시하는 누구도 믿어선 안 되는 무서운 사회라는 교훈을 또 한번 비싼 경험으로 얻은 사건입니다.

평양역에서 당한 사건

　학교에서 필요한 원자재를 중국 심양에 기차를 타고 가서 구입한 후 화물은 컨테이너 트럭에 실어서 보내고 사람은 열차로 돌아옵니다. 중요한 작은 물건들은 여러 개의 가방이나 배낭 등에 나누어서 평양역까지 오면 학교에서 차가 마중을 오게 되어 있어서 개인적으로 택시나 일반 차량으로는 움직일 수 없습니다. 그래서 배낭은 지고 가방 두 개는 양손에 들고 기차에서 내리니 너무 많은 인파로 이리저리 밀리는데 갑자기 누군가 다가와서 택시가 필요하냐고 물어보았습니다. 평양과학기술대학에 가려고 하는데 아마도 학교 차가 마중을 나왔을 거라고 했더니 오늘은 빨간 번호판(대방 외국 번호) 대방 차량은 못 보았으니 20불만 달라고 하면서 무거운 가방을 자신의 차로 가지고 간다고 잡아끌고 앞서가는 겁니다.

　아시는지 모르지만 평양역이 상당히 긴 거리인데 수많은 인파 속으로 택시 기사가 쏜살같이 달려가기에 크게 소리치며 따라가는데 누군가 내 발을 걸어서 내 몸이 나뒹굴어 넘어졌고 내가 가지고 가던 가방조차 순식간에 빼앗겨 멘붕 상태가 되었습니다. 조선 사람을 도와주려고 여기 온 나는 정신이 혼미한 상태에서 오히려 도와달라고 크게 소리쳤습니다. 경찰관이 오더니 걱정 마시라고 하며 금방 찾을 수 있으니 가방 속에 있는 내용물을 적으라고 하였는데 빨리 찾으려면 200불이 필요하다고 했습니다. 그리고 하는 말이 조선에는 그런 나쁜 사람이 없으니 아마도 학교에 대신 가져다주려 하는 것 같다는 괴변으로 나를 안심시켰지만 믿을 수 없었지요. 한 시간이 지나서야 학교에서 안내가 와서는 자신들이 벌써부터 기다리며 찾았는데 어디 갔다 온 거냐고 오히려 적반하장으로 화를 내는 것이었습니다.

그래서 나는 안내가 나오지 않아 이 사태가 났는데 책임을 나에게 전가시키다니 말이 되느냐고 야단을 쳤습니다. 후에 안 일이지만 이 사건이 상부에 보고되었다면 총장까지도 문책을 받을 일이었습니다. 차를 타고 학교로 가는 중에 잠시 기도했지요. '주님 도와주세요. 지금의 상황을 어찌하면 좋을까요?' 하고 기도하는 중 평강을 주시더군요. 그래서 모든 일은 없던 일로 하기로 하니 오히려 마음이 평온하고 감사하게 되었습니다. 오죽하면 이런 사람들이 생기겠습니까.

북한에서의 신성모독죄

한번은 보위부에서 높은 직위의 간부와 식사를 하며 대화할 기회가 있었습니다. 식사를 마치고 헤어지기 전에 제가 매일같이 하나님께 장군님의 건강을 지켜 주시고 지혜를 주셔서 인민을 잘 다스리시고 위대한 영도자가 되시기를 기도한다고 했습니다. 그 말을 듣자마자 그 간부는 술이 취해서 초점이 흐리던 눈동자가 갑자기 또렷해지며 당황한 표정을 지었습니다. 그리고 주변을 살피더니 조용하게 낮은 음성으로 나에게 말하기를 "다시는 그런 표현으로 말하지 마시오"라고 했습니다.

오히려 더 당황한 내가 아니 장군님을 위해서 기도한다는 것이 왜 잘못된 표현이냐고 물었더니 "신 자체인 장군님을 위해서 누구에게 기도한단 말입니까? 그 표현 자체가 반동입니다"라고 하였습니다. 간부는 계속해서 말하길 "지금 우리가 이 방 안에서 한 이야기를 다른 사람이 안 들은 게 천만다행입니다" 하였습니다.

이 말을 한 대상이 자기인 것이 황 사장님의 목숨을 구했다고 말했습니다. 그리고 앞으로는 절대 그런 표현을 하지 말라고 신신당부했습니다. 앞으로 북한 방문을 위해 준비하고 계시는 분들은 꼭 기억해 두어야 합니다.

북한 민간요법 치료

　러시아에서 통역으로 근무하던 젊은 북한 노동자가 급성 황달이 와서 힘들어한다는 이야기를 듣고 한 부인이 평양에서 저를 찾아왔습니다. 남편에게 약을 보내야 하는데 도와줄 수 있냐고 묻기에 흔쾌히 도와주겠다고 했더니 부인은 고맙다고 하며 그다음 날 싱싱한 미나리 잔뿌리 10kg을 가지고 왔습니다. 저는 매번 그 부인이 가지고 온 것을 정성스럽게 포장을 해서 러시아로 보냈고 그 미나리를 먹은 남편은 두 달 만에 완전히 회복되어 다시 정상적으로 일을 했습니다.

　의약품이 절대적으로 부족한 북한과 러시아에서는 민간요법이 발달되어 많은 인민들이 이용하고 있습니다. 그 민간요법을 누군가가 체계적으로 개발하고 정리하면 훌륭한 의료 처방 자료가 될 것입니다. 그래서 북한과 러시아 그리고 중앙아시아의 국가들에서 의사나 간호사들이 전문인 선교사로 사역하면 바람직하겠다는 개인적인 소망이 있습니다.

자비량 선교의 창의성

　우리나라의 선교가 목회자 중심으로 운영되다 보니 전문인 선교사들을 적극적으로 훈련시키지도 않고 파송에도 적극적인 자세를 보이지 않아 장기적인 선교 전략에 한계를 보이고 있습니다.
　대기업에서 해외로 보내는 주재원들은 200여 나라에 진출하고 있습니다. 월드컵 대회에도 그렇게 많은 나라가 참여하지는 못합니다. 기업의 해외 주재원들은 그들이 주재할 나라의 언어를 비롯한 정치, 문화, 사회, 교육, 군사, 경제 등 모든 분야에 전문적인 지식을 공부한 전문인으로 훈련을 받아서 나가지만 해외에 파송되는 우리 선교사들은 그렇지 못한 게 사실입니다. 그래서 교회에서 해외 주재원으로 나가는 분들은 교육을 체계적으로 잘 시키고 선교 훈련을 병행해서 내보낸다면 미래의 훌륭한 선교 자원이 될 것입니다. 또 사업과 선교를 함께하기 위해 해외로 나가는 분들도 선교사의 정체성을 가지고 나갈 수 있도록 교육해야 할 것입니다. 이렇게 전문인 선교사들이 사역

현장에서 기초를 닦고 공동체를 만들면 목회자 선교사들이 연합하여 사역을 할 수 있으니 훨씬 효율적인 성과를 얻을 수 있을 것입니다. 특히 공산권이나 창의적인 접근이 필요한 지역에서 목회자 선교사들은 비자 문제 등을 해결하기 어렵기 때문에 전문인 선교사들이 준비해 놓은 회사 혹은 사업장을 통해서 비자 등 어려운 문제도 해결할 수 있게 됩니다.

제가 러시아 블라디보스토크에 있을 때 일본 총영사와 식사 교제를 한 적이 있었습니다. 그때 일본 총영사가 말하길 한국 사람들에게 가장 부러운 것이 하나 있는데 그것은 다름이 아니라 해외 미개척지에 한국은 선교사들이 미리 나가 있다는 것이었습니다. 그다음에 기업들이 나가고 마지막으로 영사관이

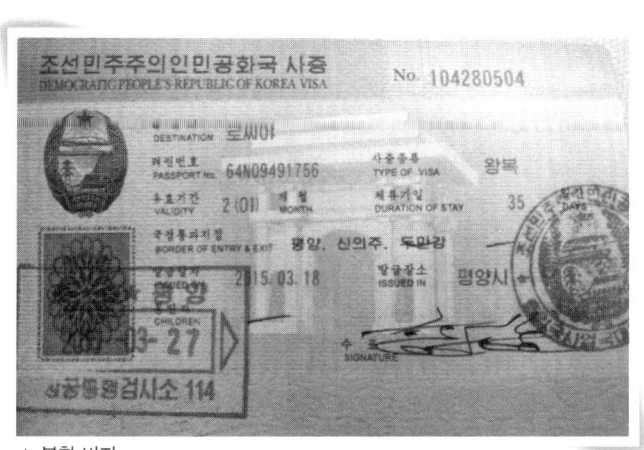

▲ 북한 비자

나가는데 일본은 선교사로 나가는 분들이 거의 없어서 기업에서 모든 것을 처음부터 시작하여 어려움이 많다는 것이었습니다. 나는 이 이야기를 들으면서 우리나라 선교의 힘을 외국 외교관들도 알고 부러워하는 것에 놀랐습니다. 그리고 전문인 선교사 중 개인 사업을 하시는 분들은 자기 재산을 투자하여 사업과 사역을 동시에 수행해야 하므로 모든 일에 간절할 수밖에 없고 다른 잡생각을 할 여유가 없어 태만하거나 사고 날 염려도 적다고 생각합니다.

욕을 먹는 선교사는 선교 사역을 잘한다고도 볼 수 있습니다. 제가 새로운 도전 없이 현장에서 주어진 일만 그냥 열심히 했다면 나날이 무난했을 것입니다. 그러나 저는 우리 회사의 운영 / 국제학교 / 손니치문화센터 / 두레농장 / 평양과학기술대학 / 장애인학교 / 나눔의집 등 다양한 많은 일들을 하면서 욕도 많이 먹었습니다만 그렇게 많은 욕과 비난을 극복하고서야 비로소 좋은 결과를 하나님이 주셨습니다. 한 가지의 새로운 일을 하면 한 가지 문제가 생겨 한 가지 욕을 먹고 열 가지 새로운 일을 하면 열 가지 문제가 생겨 열 가지 욕을 먹겠지만 아무 일도 시도하지 않으면 아무 문제도 안 생기고 아무 욕도 먹지 않을 것입니다.

하나님이 바라시는 일의 성과는 언제나 문제를 앞세우고 결과를 뒤에 주십니다.

지금까지 저로 인해서 100여 명도 넘는 목사, 전도사, 선교사 등이 예수그리스도를 전하는 사역에 연결되었고 또한 계속해서 더 많이 연결되리라고 확신합니다.

제가 선교사로 나가기 전 사랑의교회에서 삼풍아파트 다락방의 순장으로 섬긴 적이 있었습니다. 그 당시 삼풍아파트에 사는 분들은 저보다는 사회적 지위나 경제적으로도 여유가 있는 분들이었는데 옥한흠 목사님께서 저에게 순장을 맡기셨습니다. 처음에는 저의 말에 협조도 잘 하지 않고 준비도 안 해 와서 너무 힘들었습니다. 그래서 옥 목사님을 찾아뵙고 사정 말씀을 드렸더니 "그러니까 내가 황 집사에게 순장을 시켰지, 무슨 회사 사장이나 변호사가 순장을 하면 순원들이 말이야 잘 듣겠지, 그러면 그게 진짜 다락방인가?"라고 하시면서 기도 많이 하고 잘 섬기라 하셨던 말씀이 아직도 어제처럼 환하게 들립니다. 저는 그때부터 다락방 순원들 한 사람 한 사람의 직장을 찾아가고 사업장을 방문하여 기도하고 격려하며 교제를 하였습니다. 그렇게 몇 달이 지나자 순원들이 변하고 저희 다락방은 성장을 계속하여 여러 번 분반을 하였습니다. 이때에 배운 섬김과 열심 그리고 기도가 사역지에서 커다란 힘과 용기와 지혜가 되었습니다.

선교사들의 기도 편지

　제가 선교부 총무로 일할 적에 여러 선교지를 방문하고 또 선교사님들을 만났습니다. 또한 선교사님들이 선교지에서 한국에 돌아오면 김포공항에 나가서 마중을 해 드리고 거처할 집을 못 구하면 우리 집에서 며칠씩 모시기도 하였습니다. 선교사님들과 관계를 유지하기 위해서 자주 편지도 주고받기도 하고 나 자신이 선교지에서 직접 섬기기도 하면서 교회 내 기도 모임과 후원자님들에게 편지를 받기도 하였는데 제가 생각하기에 가장 중요한 건 편지의 내용이었습니다. 이유는 제가 선교부에서 섬길 때 받은 편지들은 분량이 2~3장이었지만 내용은 거의 천편일률적으로 비슷한 내용이었기 때문이에요. 현지 언어 잘할 수 있고 안전하고 선교 잘할 수 있도록… 등등 이건 제가 선교지에서 살면서 느낀 것인데 기도 편지라고 하기엔 부족하다고 생각합니다.
　선교사도 일반 성도와 다를 바 없듯이 선교지에서도 사람 사는 건 같다고 생각해 보면 자녀 교육 문제, 현지인과의 인간

관계 등 편지로 써도 아무런 문제가 없는 내용을 가급적 관제엽서를 사용해서 누가 보더라도 문제를 삼을 수 없게 간단하게 쓰는 게 좋다고 생각합니다.

제가 받은 편지들 중에는 동일한 내용들을 복사해서 여러 사람에게 성의 없이 보내는 편지가 많았고 그런 내용은 다 읽어 볼 필요도 없는 보고서 같은 편지라서 차라리 보내지 않는 편이 낫다고 생각합니다.

될 수 있는 대로 관제엽서에 150자 내외의 자필로 보내 주시되 누가 보아도 통신보안법에 저촉되지 않는 모두가 함께 고민하고 고통받는 내용으로 기쁨과 슬픔을 공유하시길 부탁합니다.

이제 마무리를 하며 저의 경험이 전문인 선교사들에게 현장에서 유용하게 사용되고 또 가능하면 더 좋은 방법으로 업그레이드되어 주님의 나라가 확장되길 간절히 소망합니다.

고려민항 블라디보스토크 취항

"혹시 조선 사람입니까? 저 좀 도와주세요." 북한 사람인데 상당히 말끔하게 생긴 분이 저에게 말을 걸어 와서 "네" 하고 대답하자 명함을 주는데 보니 고려민항 블라디보스토크 지점장 박민복이라고 적혀 있었습니다. 순간 생각하길 '언제 취항 허가를 받았지?' 하며 공항 한편에 앉아서 저의 명함을 건네주고 이야기를 들어 보았습니다. 상부에서 이미 취항 승인이 다 된 상태인데 블라디보스토크 공항장이 상대를 안 해 주어서 아직도 제대로 인사도 못 했다고 했습니다. 그런데 황 선생님은 공항 직원도 아닌데 어떻게 공항을 그렇게 무사통과로 다니시는지 죄송하지만 공항장과 면담을 좀 잡아 줄 수 있느냐고 요청을 하는 겁니다.

당시 공항은 현재 공항과 비교할 수 없이 형편없는 시설로 승객들 짐 검사를 땅바닥에 놓고 하던 시절이라 저희 회사에서 공항 내 가구 시설을 2만 불이나 들여 무상으로 기증하다 보니 공항장께서 어느 부서든 드나들 수 있게 허락한 상태였습니다. 제 비서와 함께 고려민항 지점장을 바로 공항장에게 인사를 시키고 내 친구인데 가능한 부분을 도와주시면 한다고 도움을 요청했더니 그 후부터는 순조롭게 일들이 진행되었습니다. 고려민항 블라디보스토크의 평양 노선에 지대한 공로를 인정받아서 지금도 고려민항 이코노미 표를 사면 비즈니스로 업그레이드 시켜 줍니다. 물론 평양에 도착하면 거기에서는 VIP 룸으로 통과시키는 예우를 받게 되었습니다.

트럼프 대통령과 김정은 협상 장소

　북한 김정은과 미국 트럼프 대통령이 만나는 이야기가 한창 진행되던 시기에 협상 장소를 어디로 할 것인가를 찾던 중 북한에서도 협상 장소를 찾고 있다는 정보를 입수하고 블라디보스토크 조선영사관 총영사를 만났습니다. 제가 알고 있는 협상 장소가 있었는데 그곳이 바로 블라디보스토크 사나토르입니다. 이유인즉 소비에트 브레즈네프와 미국 포드 대통령이 미소 정상회담을 해서 미소 관계가 회복된 역사적인 의미가 있는 장소였기에 어느 곳보다 뜻깊기 때문이라고 설명하였습니다.
　바로 총영사와 동행해서 사나토르 현장을 확인하였습니다. 사진과 여러 자료를 첨부하여 총영사에게 제출했더니 2일 후 평양에서 만나자는 연락이 와서 고려민항 편으로 평양에 도착하였습니다. 공항 귀빈실로 안내되니 거기에서 서기실 참사라고 하는 두 사람이 저를 영접하였고 다시 차를 타고 양각도 호텔 특실로 안내되었습니다. 여장을 풀고 나니 건강검사를 해야 한다고 하며 피를 뽑아 가고 3일째 되는 날 저녁 10시에

검정 벤츠 승용차로 30분 정도 달려서 대낮처럼 환하게 밝힌 어느 안전 건물 입구에 도착했습니다.

안으로 안내되어 들어가 보니 서기실장 김창선 선생 앞으로 인도되어 인사를 하였고 곧 고위급으로 생각되는 8명의 사람들이 집결해 있는 방으로 옮기었습니다. 블라디보스토크 사나토르에 대해 설명하라고 해서 자세한 자료로 북미 간 정상회담 장소로서 장점과 단점을 자세히 설명하였습니다. 다음 날 12명이 호위총국직원이라고 하는 분들과 다시 블라디보스토크로 돌아와서 그들과 현장을 확인한 후 주지사를 면담하고 돌아갔으나 결국 회담 장소가 싱가포르로 결정됐다 하여 그동안 나의 수고와 기대는 허사가 되고 말았습니다.

기도하며 준비하니 기회가 오다

　선교사로 파송받고 와서 평양 생활 2년이 지나도록 학생들에게 한 마디의 복음도 전하지 못해서 속으로 답답함과 갈등만 더해 가니 밤마다 잠을 제대로 자지 못하고 영적으로도 점점 낙심되어 갔습니다. 매일 새벽 3시경에 랜턴 불을 손에 들고 강당에 들어가서 아버지께 간청하며 기도할 때면 악한 영이 나의 주변을 막고 서 있는 위압감을 느끼면서 기도가 잘 안 되었습니다. 아버지를 외치다가 비몽사몽으로 잠이 들기도 하고 눈물 범벅이 되어 눈이 퉁퉁 붓도록 울다가 웃기를 반복하기도 했던 그 시기에 조선 평양의 학교 중에서도 마침 우리 학교에 인터넷이 연결되었습니다. 가지고 간 스마트폰의 카카오 보이스톡으로 미국 뉴저지에 있는 딸에게 연락을 하였습니다.

　그러던 때에 중국 심양에서 합판과 원자재를 실은 컨테이너 2대가 학교에 도착하여 관계자들에게 도움의 손길을 요청했습니다. 그러나 마침 토요일 수업이 없는 날이지만 생활총화

학습을 해야 하는 생활총화 날로 한 사람도 예외 없이 총화에 꼭 참석해야 한다며 지원할 수 없다고 했습니다. 그러면 두 대의 차량이 내일까지 대기하는 비용은 학교에서 지급한다는 약속을 하라고 통보하고 왔더니 30분 후 2~3학년 150명을 어렵게 동원하여서 원자재를 2층 창고로 옮기도록 하였습니다. 때는 5월 중순으로 더위가 심해서 잠시 휴식을 취하는데 학생들이 마실 물을 찾았으나 우리 회사에는 수도 시설이 없어 직원들이 멀리 가서 플라스틱 통에다 물을 떠 오기로 하였습니다. 그동안 나무 아래 흙바닥에 앉아 쉬고 있는 학생들에게 재미있는 이야기를 들려준다고 하면서 먼저 우리 학교가 무슨 학교인지 말해 보라고 하니 한 학생이 우리 학교는 평양과학기술대학이라고 대답했습니다. 그럼 과학은 무엇인지 물으면서 저기 논에서 일하시는 분이나 위대한 영도자이신 김정일 장군님께서도 알아들을 만큼 모든 사람이 이해할 수 있도록 설명해 보라고 했습니다. 한 학생도 대답하는 학생이 없자 책임교수(감시조)가 그만 일어나서 일하자고 재촉하길래 제가 단호하게 말했지요. 과학기술대학교 학생들이 과학에 대해서 설명할 수 없다면 그건 교수님들의 잘못이라고 딱 잘라 말했습니다.

"자, 보세요!" 하면서 내 스마트폰을 꺼내 들고 페이스톡으로 미국 뉴저지에 있는 우리 딸에게 전화를 했어요. 딸이 전화를 받기에 "사랑하는 우리 딸아, 우리 손녀 나은이 바꾸어요" 했더니 5살 손녀가 "할아버지!" 하며 반가워하길래 "여기는 우리 학교 오빠들이야"하며 화면을 여러 학생들에게 돌려서 보여주었습니다. "자, 여러분 내가 지금 미국 뉴욕 바로 옆 뉴저지에 있는 딸과 손녀에게 영상으로 전화를 하는 것을 보았지요? 이런 영상통화 해 본 사람 여기 누구도 없지요?"하고는 "잘 보세요. 내가 지금 이 스마트폰(북한에서는 손전화)으로, 이 전화번호로 돈을 내고 등록을 했기 때문에 이 스마트폰 있는 사람과는 번호만 알면 지구촌 어디라도 다 통화가 됩니다"하며 이야기를 시작했습니다.

"이 스마트폰은 미국 사람인 마틴 쿠퍼가 1996년 박사 논문에 처음으로 그 원리를 설명한 것인데 미국에 있는 구글이란 미국 회사가 상업화한 것을 지구촌 여러 나라에서도 사용하게 되었지요. 나도 이처럼 딸에게 전화를 하면 중계소를 거치면서 빛으로 변하고 그 상태로 위성을 거쳐 미국에 있는 구글 본사 실리콘벨리에 갔다가 우리 딸에게 가서 아날로그로 변하여 말로 나오지요. 우리 딸이 말한 것도 구글에 갔다가 위성에서 나에게 오는 거예요. 자, 그럼 내가 말한 것이 에코가 되어서 간 건가요? 아니지요. 내 말이 전파로 바뀌고 그 전파가 빛으로 바뀌어서 다시 전파로, 다시 말로 변하지요.

빛은 1초에 지구 한 바퀴 반을 돌지요. 여러분 지금 우리가 살고 있는 이 흙 속에는 무한대의 자원이 있어요. 땅속에는 물이 지나가고 흙 속에는 철 등 무한의 자원이 있지요. 과학대학교의 과학을 한 마디로 정의한다면 과학이란 이미 있는 이러한 원소들을 모아서 일상에서 사용할 수 있도록 하는 것이에요. 보이지 않는 것도 보이는 것과 같이 사용할 수 있도록 하는 것이지요.

나는 러시아 사람입니다. 러시아 사람은 태어날 때부터 하나님 앞에 택함을 받고 죽으면 천국으로 가지요. 여러분, 인간, 사람의 영혼이 있다고 생각하나요? 영혼은 분명히 있습니다.

영혼의 무게가 21g입니다. 100년 전에 스웨덴 의과 대학교에서는 사람이 죽으면 영혼이 떠나며 얼마나 질량이 감소하는지를 확인하기 위해서 전 세계 100명의 과학자들과 함께 마이크로 단위를 측정할 수 있는 최첨단 계량 저울에 사망하는 사람의 몸무게를 체크했어요. 100명의 사람에게서 21에서 26g까지 사라지는 걸 확인하고 사람과 비슷하다고 하는 원숭이, 개 등 여러 동물도 실험한 결과 동물은 단 1g도 변화가 없고 오직 사람만 21g이 없어지는 걸 학회에 보고한 바 있어요.

맞아요, 사람은 죽으면 천국과 지옥 두 곳으로 간다는 거예요. 자, 보세요. 우리 눈에는 보이지 않지만 여기에도 공기가 있기에 우리가 숨을 쉬고요, 지구촌에는 수억 개 이상의 전파가 빛으로 다니지요. 그래서 대단한 것은 내가 번호를 누른

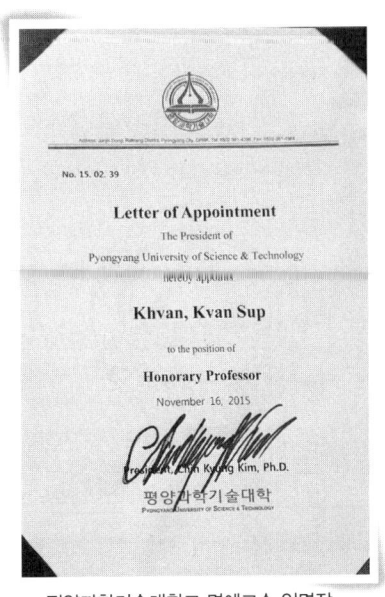

▲ 평양과학기술대학교 명예교수 임명장

사람에게만 가지 다른 사람에게는 절대로 안 간다는 거예요. 하물며 사람이 만든 전화기도 번호를 다 알아요. 구글 메인 컴퓨터에 들어가서 '백 티이티'를 누르면 내가 누구와 무슨 말을 했는지 등 스마트폰을 가진 모든 사람의 비밀이 다 캡쳐 되어 있다는 거예요. 사람이 만든 전화기 하나만 해도 상상할 수 없는 정보를 저장하는데 하물며 우주의 주인이신 하나님은 우리를 얼마나 잘 알겠습니까. 나를 위해 죽으시고 부활해서 성령으로 오신 그분, 우리의 머리털까지 세시는 그분, 나는 그 하나님이 계신 걸 믿고 확신하며 우주의 진정한 주인은 하나님이라고 고백하는 사람입니다.

하물며 피조물인 인간이 모든 것을 안다고요? 어림도 없는 이야기를 하는 겁니다. 국제사회가 왜 외국인 이곳에 학교를 세우고 조국의 꽃 미래인 여러분을 여기에서 공부시키나요? 그건 위대하신 장군님께서 내 땅에 발을 붙이고 눈은 세계를 보라고 하신 말씀 때문에 제가 감히 여러분 앞에서 이야기한 것입니다. 여러분 이제는 누가 물으시면 과학이 무엇이란 걸 당당하게 말할 수 있지요?

과학이란 것은 이미 있는 자원들을 찾아서 일상에서 이처럼 편리하게 사용할 수 있도록 하는 학문을 과학이라고 합니다. 이해가 되시나요?"

사실 휴식 시간은 5분밖에 안 되지만 그날 저는 30분 이상을 설명했는데 누구 한 사람도 그만하라고 하거나 고발한 사람이 없는 것은 오랜 시간 동안 준비했고 성령님께서 도와주신 은혜입니다. 이제 끝났다고 말하니 기립 박수가 나왔고 나처럼 과학을 쉽게 설명해 준 분이 없었다고 하며 그 후에 학생들이 나를 만나면 허리를 숙이고 인사하며 학자 선생님이란 별명을 얻었지요.

 아버지 은혜로 구하고 준비하고 기다리니 기적을 보여 주시더라구요.

| 에필로그 |

  앞에서도 말씀드렸습니다만 저는 30여 년 동안 전문인 선교사로서 저 공산권 국가인 러시아, 중국 그리고 북한에서 하나님의 복음을 전하는 사명으로, 하나님의 채찍과 보호로, 울음 속에서도 웃음을, 웃음 속에서도 울음을 몸과 마음으로 감당하였습니다. 먼 길을 갔다가 이제는 이 남쪽 섬 제주도로 돌아와 서귀포 바닷가에서 인생의 동반자요 하나님 사역의 동역자인 사랑하는 아내 남성자 선교사와 몸과 마음을 쉬며 평안의 나날을 보내고 있습니다.
  그러나 아직도 가슴 아픈 일은 그동안 나와 한곳을 바라보며 앞서거니 뒤서거니 서로를 밀어 주고 끌어 주며 먼 길을 걸어 여기까지 함께 걸어온 사랑하는 아내를 그 동안 힘들고 슬프고 아프게 했던 시간들이 내 가슴에 옹이로 남아 있는 일입니다. 그리고 부모의 사랑을 마음껏 받지 못하여 늘 외로웠을 우리의 사랑하는 아들과 딸에게 부끄러운 부모로서 늦게나마 이해와 용서를 바라고 있습니다.
  해외에서 선교로 사역하는 데는 일일이 다 말할 수 없는 많은 돈이 필요합니다. 특히 공산권 국가의 선교는 돈이 없으면 거의 불가능하여 그 필요한 돈을 일일이 모두 파송한 교회로부터 후원받는 것은 어려운 일이고 또 받는다 하더라도 그것으로는 선교 사역을 제대로 적극적으로 지속적으로 하기 어렵습니다. 제가 전문인 선교사로서 비교적 다양한 분야에서 폭넓게 적극적으로, 또 지속적으로 원만하게 선교 활동을 할 수 있었던 것은 하나님의 도우심으로 현지에서 사업과 선교를 병행하여 사업이 선교를 돕고 선교가 사업을 도와 그 선교에 필요한 자금을 공급했기에 가능했습니다. 그 이념과 문화가 다른 낯선 사회에서 조직과 인맥의 유대를 긴밀하게 구축하지 않으면 선교도 어떠한 일도 어렵고 그것을 위해서는 돈이 필요하기 때문입니다. 특히 공산권 국가의 선교 사역은 더욱 그러합니다.

러시아는 몸집과 정신이 매우 큰 나라입니다. 우리가 어두운 큰 공간에 들어갔을 때 그 어둠에 눈이 익숙해지면 드러나는 고색창연한 모습을 보여 주는 그런 나라입니다. 기독교의 한 갈래인 동방정교의 깊고 짙은 신앙의 산그늘이 대지를 적시고 있는 러시아는 머리로는 알 수 없고 가슴으로만 느낄 수 있는 그런 나라입니다. 그래서 저의 선교사로서의 경험으로 러시아의 역사와 전통, 문화와 예술 그리고 사회 시스템을 이해하고 배우는 것이 그곳 선교의 첫걸음이라 생각합니다. 그래서 기업을 운영하는 전문인 선교사라면 그래도 쉽게 적응하고 동화되어 현지인들과 몸과 마음이 함께 동질감으로 어우러져 사역을 감당할 수 있으리라 생각합니다.

　중국은 공산국가이면서도 러시아와는 많이 달랐습니다. 그들은 자신이 세상의 중심이라 믿으며 오랜 역사 속에서 살아왔기에 그 보여 주기 식의 허세와 자존심이 대단합니다. 쉽게 말하면 많은 사람들이 쌓은 매스게임의 탑 같은 나라입니다. 그 탑 위에는 소수의 상징이 높이 서 있지만 그 아래에는 그 소수를 떠받치는 많은 인민들이 상층부의 무게를 힘들게 감당하고 있습니다. 그 힘든 지탱은 한계가 있으니 언젠가 와해될 수밖에 없으며 그 와해되는 날이 곧 하나님의 복음이 꽃필 수 있는 때가 될지도 모릅니다. 중국의 도시를 가 보면 큰 길 양편엔 높이 솟은 현대식 건물들이 하늘을 찌르고 있지만 그러나 아직 그 뒷골목으로 들어가 보면 그들이 숨기고 있는 개명하지 못한 많은 후진성을 보게 됩니다.

　그래서 중국의 선교는 그 인민 탑을 버티고 있는 하층부의 인민들에게 먼저 복음을 전해야 한다고 생각합니다. 우리나라에 기독교가 처음 들어오던 때 핍박받고 고통받는 하층민이 먼저 하나님의 복음을 받아들인 경우와 같다고 봅니다. 드러내 놓고 복음을 전하는 일이 크고 높은 벽으로 막힌 그 거대한 조직의 중앙집권적 큰 나라에서 고통받는 하층 인민들에게 개별적으로 다가가서 위로하듯 따뜻하게 복음을 전하는 일부터 시작하는 것이 좋다고 생각합니다.

그러나 북한은 이 땅 위에서 가장 어둡고 습한 사회입니다. 제가 처음 북한에 들어갔을 때를 생각합니다. 우리와는 전혀 다른 세상에 살고 있는 나의 혈육을 만난 듯 놀라고 소름이 돋고 눈물이 나서 견딜 수가 없었습니다. 여러분들은 어둡고 습한 지하 공간에 손전등을 들고 들어갔을 때 그 불빛에 소스라치며 얼굴을 가리거나 흩어지는 바퀴벌레들을 상상할 수 있겠습니까? 오랜 어둠 속에서 세상의 빛을 보는 눈이 퇴화되고 세상의 소리를 듣는 귀가 퇴화되어 더듬이가 된 어둠의 자식들을 상상할 수 있겠습니까? 제가 처음 북한에 들어가서 본 첫 느낌이 바로 그랬습니다.

그래서 북한의 선교는 먼저 그 어둡고 습하고 숨 막히는 지하 공간에 세상의 빛과 소리를 넣어서 스스로 자신의 모습을 보고 자신의 자리를 자각하게 해야 합니다. 북한 공산주의는 지독한

이단 종교의 이념으로 학습되고 세뇌되어 바깥세상과 단절된 사회입니다. 선교나 복음의 이름으로 넣어 주는 약간의 먹을거리나 입을 거리로는 오히려 그들의 눈과 귀를 더 가리는 일이 될지도 모릅니다.

한편 선교사로 살아온 저를 두고 세상 사람들은 나무라는 말들을 합니다. 그 미답의 공산권 국가에 가서 사업으로 성공하여 돈도 많이 벌었다는 소문도 들었는데 그 많은 돈을 어느 가시덤불 돌밭에다 모두 뿌리고 왔는가? 아니면 거기에다 은밀하게 깊이 묻어 두고 왔는가? 그러고도 바보처럼 그렇게 늘 웃고 있으니 자네는 천국에라도 갔다 왔는가? 아니면 이제는 자네 마음속에 그 천국이 들어왔는가? 저는 이런 말들을 들으면 기분이 좋아 정말 바보처럼 웃습니다. 웃는 나의 마음속 비밀을 아시는 분이 계시기 때문입니다.

마지막으로 여기 저의 친구 김원 시인의 시 한 편을 아래에 적어 저의 마음을 대신합니다.

바보 천국

머리에 꽃을 꽂고
손에도 꽃을 들고
또 꽃을 먹으면서
웃고 있는 바보야
네 마음
천국에 있어
그렇게 좋으냐

— 김원 시집 『지상의 마지막 집』에서

부족한 저의 글을 읽어 주신 분들께 깊이 감사드리며
늘 평안하시길 기도합니다.

2024년 여름 서귀포에서
황광섭

자비량 전문인 선교
선교만리

초판 발행일 | 2025년 1월 27일

지은이 | 황광섭
펴낸이 | 임만호
펴낸곳 | 도서출판 크리스찬서적
주 소 | 서울 강남구 선릉로 112길 36(삼성동) 창조빌딩 3F (우 : 06097)
전 화 | 02) 544-3468~9
F A X | 02) 511-3920
E-mail | holybooks@naver.com
등록번호 | 제10-22호
등록일자 | 1979년 9월 13일

책임편집 | 김종욱
디자인 | 이선애
제 작 | 임성암
관 리 | 양영주

ISBN 978-89-478-0393-9 03230
정 가 12,000원

※ 잘못된 책은 바꾸어 드립니다.